마지막 이별 연습

## 마지막 이별 연습

초판 1쇄 인쇄 | 2017년 8월 30일
초판 1쇄 발행 | 2017년 9월 01일

지은이 | 김창기
발행인 | 김창기
편집·교정 | 김제석
디자인 | 최희선

펴낸 곳 | 행복포럼
신고번호 | 제25100-2007-25호
주소 | 서울 광진구 광나루로52길 40, 504호(구의동)
전화 | (02)2201-2350
팩스 | (02)2201-2326
이메일 | somt2401@naver.com

인쇄 | 평화당인쇄(주)

ISBN 979-11-85004-02-0 (13330)

* 값은 뒤표지에 있습니다.
* 잘못된 책은 바꾸어 드립니다.

한국출판문화산업진흥원의 출판콘텐츠 창작자금을 지원받아 제작되었습니다.

김창기 지음

# 마지막 이별 연습

가족의 죽음, 모든 준비와 절차

행복
포럼

| 들어가며 |

## '맞이하는 죽음'을 위하여

"83세로 건강하신 아버지가 심한 독감 증세 때문에 입원하셨습니다. 그런데 폐렴 진단을 받고 한 달 간 병상에서 투병하다가 운명하셨습니다."

"어머니가 폐암 진단을 받고 반 년 만에 돌아가셨습니다. 2~3년은 더 사실 것이라고 생각해 어머니께 더 잘해 드리지 못한 것이 너무 후회가 됩니다."

통계청 자료에 따르면 매년 한국인 27만 6,000명, 매일 756명 정도가 사망한다(2015년 기준). 연령별로 살펴보면 60세 이상이 전체 사망자의 약 80%를 차지한다.

사망원인은 대부분 질병으로 암(27.9%), 심장질환(10.3%), 뇌혈관질환(8.9%)이 각각 1, 2, 3위를 차지한다. 10대 사망원인 중 질병이 아닌 것은 자살(4.9%·5위)과 교통사고(2.0%·9위) 2가지뿐이다. 그런데 자살과 교통사고는 30대 이하의 주요한 사망원인이므로 60대 이상은 거의 대부분 질병으로 사망한다고 볼 수 있다.

이런 병사는 갑작스러운 암 발병, 심장마비 같은 돌연사의 형태로 나타나기도 하지만 대부분 노화의 결과로서 자연스럽게 찾아온다. 그러므로 60대 이상의 병사는 대부분 자연사라고 볼 수 있다.

노환(老患)에 의한 병사(자연사)는 그 죽음을 어느 정도 예측할 수 있다. 그리고 갑작스러운 불치병 진단의 경우에도 진단에서 사망까지 상당한 시간적 여유를 가질 수 있다. 따라서 대다수 한국인은 가족의 죽음을 상당 기간 미리 알 수 있다. 동시에 사랑하는 가족이 죽음을 맞이하는 과정을 일정 기간 동안 곁에서 함께 겪게 된다.

이때 그 죽음을 일방적으로 '당하는 죽음'이 아닌, 능동적으로 '맞이하는 죽음'으로 승화하는 것이 무엇보다 중요하다.

그것이 고인을 편안하게 하늘나라로 보내고, 그 죽음을 의미 있게 만드는 길이다. 그리고 그 후유증을 최소화하는 방법이기도 하다. 이를 위해서는 미리 가족의 죽음에 대비하는 것이 필수적이다.

국가대표 축구선수였던 S씨는 한 방송에서 "어머니가 갑자기 쓰러지셨고 저는 임종을 지키지 못했습니다. 갑작스러운 어머니의 죽음 때문에 은퇴를 결심했습니다."라고 밝힌 적이 있다. '당하는 죽음'의 아픔이 그대로 녹아 있었다.

그 반대의 사례도 있다. "여든을 훌쩍 넘긴 아버지가 3년 전 호된 병치레를 하셨습니다. 그 뒤 아버지는 '죽음에 대해 깊이 생각해봤다'라며 어머니의 묘소 옆에 자신의 가묘를 마련하고 수의도 준비하셨습니다. 작년에는 유언도 남기시고 영정사진도 준비하시더군요. 저희도 나름대로 준비를 하였습니다. 그리고 얼마 전에 아버지는 편안하게 눈을 감으셨습니다."

이 책은 '맞이하는 죽음'을 위한 것이다. 사랑하는 가족의 죽음을 예상하는 사람들이 '맞이하는 죽음'을 준비하도록 돕는 책이다. 따라서 연로한 부모님, 불치병 가족이 있는 사람들은 물론 죽음에 관심 있는 모든 사람들을 대상으로 하였다.

이 책은 죽음, 특히 가족의 죽음이 생소하고 막연히 두려운 사람들을 위한 책이다. 과거 대가족 제도에서 장례는 집안 어른의 주도 하에 전통적 규범에 따라 치러졌다. 그러나 핵가족이 대세인 요즘은 이런 집안 어른을 좀처럼 찾아보기 힘들게 되었다. 따라서 요즘 핵가족 세대를 위한 장례 가이드북이 절실한 것이 우리 현실이다. 이 책이 바로 그런 책이다.

이 책은 가족의 죽음에 관한 모든 절차와 대처법을 정리한 실용서이다. 마음의 준비, 유언, 간병·수발, 임종, 장례방법, 사망신고, 상속, 세금과 유족연금, 사후 절차 등 실제로 마주하는 모든 문제를 망라하였다. 따라서 가족의 죽음이 먼 장래의 일인 사람들도 죽음에 관한 실용적 지식을 넓히는 데 큰 도움이 된다.

이에 지은이는 이 책이 연로한 부모님, 불치병 가족을 둔 사람들에게 유용한 가이드북이 될 것으로 확신한다. 더불어 가족과의 사별이 먼 장래의 일인 사람들에게 현명한 준비의 기회를 제공할 것으로 믿는다. 또 죽음이 생소한 젊은 세대가 미리 죽음에 관하여 공부하고 성숙할 수 있는 좋은 계기가 되기를 기원한다.

지은이

## 목차

들어가며_ '맞이하는 죽음'을 위하여 • 04

## 제1부 마음의 준비

**01** 정신적 아픔 • 14
예견된 슬픔 / 사별 후 정신적 충격

**02** 아픔 이겨내기 • 19
죽음의 형태별 충격 / 보내는 마음가짐

## 제2부 유언 챙기기

**03** 유언의 원칙 • 26

**04** 유언의 방식 • 29
자필증서 유언 / 녹음 유언 / 공정증서 유언 / 비밀증서 유언 / 구수증서 유언 / 유언에 필요한 증인

**05** 유언의 검인과 집행 • 38

## 제3부 마지막 돌봄

**06** 간병 · 수발의 심각성 • 42

**07** 장기요양 서비스 • 45
장기요양등급 / 재가 서비스 / 노인요양기관 이용(노인요양시설, 노인요양공동생활가정, 요양병원) / 노인돌봄 종합서비스

**08** 호스피스 서비스 • 56
입원 호스피스 / 가정 호스피스

## 제4부 장례 방법의 결정

**09** 매장·화장의 장단점 • 62
**10** 매장 • 65
매장의 방법과 절차 / 묘지의 선택 / 공설묘지 / 사설묘지(개인묘지, 가족묘지, 종중·문중묘지, 법인묘지) / 국립묘지
**11** 화장 • 77
화장의 방법과 절차 / 봉안시설 / 자연장

## 제5부 영원한 이별

**12** 임종 • 86
미리 준비해야 할 것 / 죽음 전에 나타나는 현상들 / 임종 직전 신체 증상 / 어떻게 임종에 대처할까 / 죽음 1초 전의 체험 / 심폐사, 뇌사, 안락사
**13** 사망 유형별 대처법 • 101
병원에서의 사망 / 집에서의 사망 / 요양기관에서의 사망 / 자연사가 아닌 경우 / 사망진단서와 시체검안서 / 해외에서의 사망

## 제6부 좋은 장례 치르기

**14** 장례비용 • 110
얼마나 드나 / 장례비용 줄이는 법 / 장례비용 분담
**15** 3일장 • 119
3일장의 원칙 / 3일장의 절차(첫째 날, 둘째 날, 셋째 날) / 3일장 이후
**16** 종교별 장례의식 • 127
불교식 / 기독교식 / 가톨릭식

## 제7부 장례 후 절차

**17 사망신고 • 134**
언제, 누가 해야 하나 / 어디서 신고하나 / 사망신고의 절차 / 사망신고의 효과

**18 재산 조회 • 140**

**19 상속예금 찾기 • 144**
상속예금 청구 방법 / 상속예금 청구 시 구비서류 / 상속예금의 승계

**20 보험금 청구 • 149**
보험금도 상속재산일까 / 보험금 찾는 법(고인이 보험계약자인 경우, 고인이 피보험자인 경우, 고인이 보험수익자인 경우, 고인이 피보험자인 동시에 보험수익자인 경우)

## 제8부 상속의 기술

**21 상속의 개시 • 156**
상속의 개시 시점 / 상속재산과 상속되지 않는 재산

**22 상속의 순위 • 160**
배우자 / 제1순위 상속인 / 제2순위 상속인 / 제3순위 상속인 / 제4순위 상속인 / 대습상속인 / 특별연고자 / 상속결격자

**23 상속의 승인과 포기 • 168**
상속의 단순승인 / 상속의 한정승인 / 상속포기

**24 상속분 • 175**
법정상속분 / 대습상속인의 상속분 / 특별수익자의 상속분 / 기여자의 상속분 / 법이 보장하는 최소한의 상속분

**25 상속재산의 분할 • 186**
분할의 원칙 / 분할협의서 작성법

**26 상속세 • 192**
과세가액 산정 / 과세표준 산정 / 산출세액 산정 / 자진납부할 상속세 / 상속세 신고 / 상속세 납부

**27 취득세 • 208**
부과대상과 세액 / 취득세 내는 법

**28 상속등기 • 212**
상속등기 하는 법 / 상속등기 시 구비서류
**29 자동차 상속 • 218**
자동차의 명의 이전 / 상속 대신 폐차하는 법

## 제9부 유족연금 찾기

**30 국민연금의 유족연금 • 222**
어떤 경우에 받나 / 누가 받을 수 있나 / 얼마나 받나 / 유족연금의 지급 제한 / 유족연금 받을 권리의 소멸 / 유족연금 청구 방법 / 유족연금의 심사 절차 / 반환일시금 / 사망일시금
**31 기타 유족연금 • 237**
공무원연금의 유족연금 / 사학연금의 유족연금 / 군인연금의 유족연금 / 별정우체국연금의 유족연금

## 제10부 마지막 정리

**32 영업자 지위승계 • 248**
식품영업자 지위승계신고 / 공중위생영업자 지위승계신고 / 기타 지위승계신고 / 사업자등록 정정신고
**33 고인 명의의 해지 신고 • 252**
신용카드 해지 / 휴대전화 해지 / 기타 해지
**34 고인의 유품 정리 • 256**
**35 마음 추스르기 • 258**

지은이 후기_ 이 책의 활용법 • 261

제1부

# 마음의 준비

"이 세상에 죽음만큼 확실한 것은 없다.
그런데 사람들은 겨우살이는 준비하면서도 죽음은 준비하지 않는다."

- 톨스토이 -

## 01
# 정신적 아픔

사랑하는 가족의 죽음에 대비하는 첫걸음은 마음의 준비이다. 이때 무엇보다도 중요한 것은 그 가족을 편안하게 하늘나라로 보내드리는 것임은 두말할 나위가 없다.

그 다음으로 가족의 죽음으로 인해 유족이 겪게 될 여러 가지 문제점을 미리 알고 이해하는 것이 필요하다. 사람은 누구나 자신에게 닥칠 일을 미리 알고 마음의 준비를 하면 그 충격을 최소화할 수 있기 때문이다.

이때 먼저 해야 하는 일은 정신적 충격의 극복이다. 유족은 사랑하는 가족의 죽음으로 인해 정신적, 신체적, 경제적 요소를 포함한 여러 가지 어려움을 겪게 된다.

이 중 신체적, 경제적 어려움 등은 일과성으로 단기간에 그칠 수 있지만 정신적 충격의 여파는 장기간 지속될 수 있다. 따라서 유족은 정신적 충격의 최소화와 그 여파의 극복에 각별히 신경 써야 한다.

## 예견된 슬픔

일반적으로 가족의 죽음에 앞서 유족은 미리 '예견된 슬픔'을 겪는 것으로 알려져 있다. '예견된 슬픔'은 무력감, 절망감, 분리의식, 죄책감 등이 특징이다.

먼저 유족은 환자(가족)의 상태를 계속 지켜보면서도 도와줄 수 없다는 사실에 무력감을 느낀다. 또 그 죽음의 과정을 언젠가 자신도 겪게 된다는 사실을 깨달으면서 절망감(슬픔)을 느낀다. 죽음의 과정이 길어지면 환자로부터 자신을 분리하려는 생각을 하게 된다. 더 나아가 자신이 정신적, 육체적으로 지치면 은근히 환자의 죽음을 기다리면서 죄책감을 갖게 된다.

특히 환자의 배우자 등은 이 밖에도 사회적 접촉 회피, 자신에게 만족감 주는 것 회피, 일상생활의 혼란, 자율성 억압 등의 이상 현상을 경험하게 된다.

환자의 죽음이 임박하면 유족은 환자에게 나타나는 외형적 변화에 대한 두려움과 함께 그에 대한 미안한 감정도 느낀다. 또 죽음이 빨리 오기를 바랐다가 생명이 연장되기를 바라기도 하는 등 이율배반적인 기대감을 겪는다.

이러한 심리적, 정신적 충격은 정도의 차이가 있을 뿐 거의 모든 유족이 겪게 된다.

특히 가족의 죽음이 예상치 못한 상태에서 갑작스럽게 찾아올 때 유족은 더 큰 충격을 받게 된다. 그러나 예측 가능한 경우에는 사전 준비를 통해 그 충격을 더 빨리 극복할 수 있다.

## 사별 후 정신적 충격

전문가들과 경험자들에 따르면, 사별 이후에 유족은 일반적으로 5가지 범주의 심리적 충격과 변화를 겪는 것으로 알려져 있다. 그러나 이 5가지 범주는 모든 유족이 반드시 순차적으로 겪는 것이 아니며, 또 모든 범주를 다 겪는 것도 아니다. 유족과 고인과의 관계, 유족의 개인적 성향이나 상황 등에 따라 상당히 다른 양상으로 나타날 수 있다.

### ●충격과 슬픔

유족이 가장 크게 느끼는 감정은 충격이다. 이미 죽음이 예고된 경우에도 유족은 큰 충격과 슬픔을 피할 수 없으며, 갑작스러운 죽음의 경우 그 정도가 훨씬 크다. 이때 생기는 심한 슬픔을 잘 처리하지 못하면 만성적인 우울증에 빠질 수 있다고 한다.

### ●죄책감과 후회

유족은 생전에 고인을 잘 대해 주지 못한 데 대한 죄책감, 간병과 수발 도중 고인의 마음을 편하게 해주지 못한 데 대한 후회를 느끼게 된다. 특히 고인의 사망에 대한 책임이 조금이라도 자신에게 있다고 느끼면 이 같은 감정이 증폭된다.

### ●상실감과 공허함

사랑하는 가족을 잃었다는 데서 오는 상실감, 그 사람이 없다는 사실에서 오는 공허함을 피할 수 없다. 고인이 가장인 경우 그의 부재에 뒤따르는 경제적 어려움으로 인해, 고인이 아내·어머니인 경우 유족에게 부과되는 가사 부담으로 인해 이러한 감정의 강도가 더 커질 수 있다.

● 불안과 공포심

사랑하는 사람과의 분리, 죽음·사후세계에 대한 두려움 등으로 인해 불안과 공포심을 느끼게 된다. 이런 감정은 앞으로 어떻게 살아가야 하는가 하는 문제, 가족 내 대소사를 직접 챙겨야 한다는 부담감, 고인의 질병이 자신에게도 나타날 수 있다는 걱정 등과도 관련되어 있다.

● 회복

이 단계는 고인이 이 세상에 없다는 현실을 수용하면서부터 시작된다. 가족의 죽음으로 인한 감정적, 심리적 충격이 서서히 줄어들거나 사라지게 된다. 가족, 친지, 친구 등과 고인에 대해 이야기하고 고인에 대한 추억을 나누기 시작한다.

## 02 아픔 이겨내기

### 죽음의 형태별 충격

사별의 충격은 그 죽음의 종류와 형태에 따라 양상이 상당히 달라질 수 있다. 후유증이 가장 큰 사별은 자녀의 죽음인 것으로 알려져 있다. 죽음이 자연사(병사)가 아닌 경우에는 충격의 정도가 훨씬 더 크다.

● 배우자 죽음
일상에서 겪는 생활사건들 중 가장 큰 스트레스 원인으로 꼽힌다. 이때 느끼는 감정은 "가장 가까운 사람을 잃었다." "가슴이 뻥

뚫린 것 같다." "나를 버리고 떠난 것에 화가 난다." "살아 있을 때 잘해 주지 못해 미안하다." 등이 주류를 이룬다.

배우자에 대한 의존도가 높았던 사람일수록 정신적 충격이 크며, 그 슬픔을 극복하는 데 보통 2~3년이 걸린다고 한다. 통계청 자료에 따르면 65세 노인 20% 이상이 배우자 사별 후 우울증을 앓는다고 한다.

● 부모 죽음

"버림받은 고아가 된 듯하다." "영원히 죽지 않을 것 같았는데…."

한 조사에서 경험자들은 가장 후회되는 일로 '부모님 마음에 상처를 준 불효'를 꼽았다. 가령 부모가 말할 때 귀 기울여 반응하지 못한 것, 전화와 방문을 자주 하지 못한 것, 사랑한다는 말을 자주 하지 못한 것 등이다.

"죽은 어머니와 닮은 사람을 보면 아닌 줄 알면서도 따라갔다가 대성통곡했다." 또는 "TV에 어머니 연세쯤으로 보이는 노인이 나오면 왈칵 눈물을 쏟는 일이 부지기수였다."고 말하는 사람들도 있다.

부모와의 사별에서 오는 슬픔을 극복하는 데에는 1년 정도가 소요된다고 한다. 심적으로 가장 힘든 때는 화장을 할 때(혹은 시신을 안치할 때)인 것으로 알려져 있다.

● 자녀 죽음

"내 몸의 일부를 잃었다." "자식이 죽었는데 내가 살려고 바둥거릴 필요가 있나?"

아들의 죽음을 경험한 소설가 고 박완서씨는 어떤 글에서 "아들을 잃자 죽고 싶었다. 아파트에 사니까 베란다에서 뛰어내리기만 해도 실패 없이 죽을 수가 있다. … 특히 아침 나절이 고통스러웠다. 하루를 살아낼 일이 아득하여 숨이 찼다."라고 썼다.

자녀를 사별한 부모가 가장 많이 경험하는 것은 죄책감이다. 자녀의 안전에 대한 책임감, 자녀의 고통과 죽음을 방지하지 못한 무력감에서 죄책감이 생길 수 있다고 한다. '죽은 자식은 가슴에 묻는다'는 말처럼 이 슬픔은 평생 간다고 한다.

● 갑작스러운 죽음

가족의 죽음이 예상치 못한 상태에서 갑작스럽게 찾아올 때 유족은 더 큰 충격을 받게 된다. 사고사, 자살, 타살이 그것이다.

• 사고사: 교통사고, 추락사고 등은 젊은 층에서 제1의 사인이다. 이런 일을 당하는 유족은 큰 충격, 박탈감, 무력감에 휩싸이게 된다. "왜 그런 일이 나에게?" 또는 "아이를 제대로 돌보지 못한 내

책임이다." 등과 같은 충격에 시달린다.

• 자살: 유족은 그 사건을 재구성하려고 한다. 유서의 내용과 당시 상황에서 고인이 무슨 말과 행동을 했으며, 어떤 방법으로 자살했는지를 반추한다. 동시에 분노, 혼란, 죄책감 등에 시달린다.

• 타살: 유족은 경악과 불신, 범인에 대한 분노, 죄책감 등에 휩싸인다. 가족의 피살 소식을 듣는 순간부터 현실과 동떨어진 딴 세상에 살고 있는 듯한 고립감을 느낀다.

## 보내는 마음가짐

사별의 아픔을 최소화하고 조기에 극복하는 첫걸음은 마음의 준비이다. 전문가와 경험자들은 우선적으로 유족에게 다음과 같은 마음가짐이 필요하다고 조언한다.

• 환자 심리와 임종에 관한 지식을 습득하라. 사랑하는 가족을 편안하게 하늘나라로 보내기 위해 필요하다.

• 유족의 정신적 충격을 미리 이해하라. 그래야 그 충격을 빨리 극복하고 일상으로 빨리 복귀할 수 있다.

• 간병을 혼자 한다는 생각을 버려라. 간병은 하루 이틀에 끝나는 문제가 아닌 만큼 혼자서는 도저히 감당할 수 없다. 가급적 가

족 모두의 참여가 바람직하다.

- 틈틈이 쉬어라. 유족이 건강을 유지해야 환자도 품위 있는 죽음을 맞이할 수 있다. 자신뿐 아니라 환자를 위해서도 필요한 일이다.
- 외부의 도움을 받아라. 사별은 유족들만의 힘으로 대처하기 힘든 경우가 적지 않다. 이런 경우 사회복지사, 목회자, 호스피스 기관, 자원봉사자 등의 도움을 받는 방법을 모색하라.
- 필요한 경우 정신과 치료를 받아라. 환자와 유족 자신에게 나타날 수 있는 심한 분노, 우울 등의 증세는 전문가의 상담과 약물 치료가 필요하다.
- 환자와 충분히 소통하라. 환자와 유족 간에 또는 유족 상호간에 불필요한 오해를 피하고 공감대 형성을 위해서는 환자 상태에 관한 사실을 숨기기보다 밝히는 것이 낫다.

제2부

# 유언 챙기기

"죽음이 어디서 너를 기다릴지는 불확실하다.
그러니 어디에서나 그것을 예상하라."

- 루키우스 세네카 -

## 03 유언의 원칙

고인이 살아 있을 때 사후의 일에 관해 자신의 의사를 명확히 해놓는 것이 좋다. 그 대상은 대부분 재산의 분배와 처리에 관한 것이다.

그래야 사후에 고인이 남긴 재산을 둘러싸고 유족끼리 다툼을 벌이는 불상사를 예방할 수 있다. 또 고인이 평생 노력해서 번 재산을 고인의 희망에 따라 보람 있는 일에 쓰는 것도 가능해진다.

유언의 방식과 내용은 법에서 정하는 엄격한 절차에 따라 하여야 한다. 이 점에서 유언은 유서와 엄격히 구별된다. 유언자는 유서에 자신의 심경과 의사를 자유롭게 적을 수 있지만, 유서가 법정 유언의 방식을 취하지 않으면 법적인 효력을 갖지 못한다.

따라서 유족에게 정말 필요한 것은 유서가 아니라 유언이다. 필요한 경우 유언 외에 별도의 유서를 작성하는 것을 고려해 볼 수 있다.

유언자는 자신의 의사에 따라 자유롭게 유언할 수 있고, 생전에 언제든지 이를 변경 또는 철회할 수 있다. 만 17세 이상이면 유언을 할 수 있고, 유언은 유언자가 사망한 때에 효력이 발생한다.

유언은 유언자가 생전에 스스로 하는 것이 바람직하다. 하지만 유언자가 유언을 하지 않을 경우 유언자에게 결례가 될 수도 있지만 사후 분쟁 방지를 위해 유족이 완곡하게 유언할 것을 권유할 수도 있다. 유언의 권유는 유언자의 의사와 감정, 유족들 간의 관계 등을 고려해 신중하게 해야 한다.

더구나 요즘은 교통사고 등 불의의 사고로 목숨을 잃는 일이 빈번하므로 노년에는 가급적 유언장을 미리 작성해 놓는 것이 바람직하다. 이 같은 미래의 불확실성 때문에 비교적 젊은 나이에 유언장을 작성해 놓는 사람들도 있다.

현재 법적으로 인정되는 유언의 방식은 자필증서, 녹음, 공정증서, 비밀증서, 구수증서 등 5가지이다. 하지만 현실적으로 유언의 대부분은 자필증서와 공정증서 두 가지 방식을 통해 이루어진다. 만약 유언이 없거나 5가지 법정 유언 방식이 아닐 경우, 상속은 민법의 관련 규정을 따라야 한다.

그런데 민법에는 상속분 비율만 정해져 있으므로 구체적 배분에 관해서는 어차피 상속인 전원이 분할에 합의하여야 한다(협의분할). 예컨대 주택, 토지, 현금, 고가 물품 등을 각각 어떻게 분할할 것인가에 대한 구체적 합의가 필요하다. 하지만 상속인 각자가 자신의 이득에 몰두하다 보면 합의가 쉽게 성립되지 않는다.

이런 경우 상속재산 분할은 결국 법원의 심판에 맡겨지지만(재판상분할) 법원에서도 그 해결이 간단치 않다. 따라서 고인이 생전에 유언을 통해 미리 재산 분배를 정하는 것이 유족들에게 가장 좋은 방법이다.

# 04 유언의 방식

## 자필증서 유언

유언자가 직접 글로 써서 남기는 유언으로 증인이 필요 없어 가장 간편한 방식이다.

유언자가 그 유언의 전문(내용), 작성 연월일, 주소, 성명을 직접 쓰고 날인하여야 한다. 이 중에서 한 가지 요소라도 빠지면 무효가 된다.

날인은 반드시 인감도장일 필요는 없다. 자필이 아닌 컴퓨터, 타자기를 이용하여 작성한 증서는 법적 효력이 없다. 자필증서 유언을 집행하려면 반드시 가정법원의 검인 절차를 거쳐야 한다.

자필증서의 경우 분실하기 쉽고, 최초 발견자가 위·변조할 수 있다는 단점이 있다. 따라서 유언자는 이 같은 단점에 대한 적절한 조치도 함께 취해 두는 것이 좋다.

◇ 자필증서 유언장의 사례

---

유 언 장

본인 홍길동은 다음과 같이 유언한다.

1. 본인의 재산 중 다음 부동산을 아들 홍○○에게 준다.
→ 서울특별시 강남구 봉은사로 ○○길 ○○ 210동 901호 (○○아파트)

2. 딸 홍○○에게는 ○○은행에 개설된 정기예금과 다음 부동산을 준다.
→ 경기도 용인시 처인구 금령로 ○○ 403호 (○○오피스텔)

3. ○○은행에 예치되어 있는 예금 잔액 중 1억원은 사회복지법인 ○○에 기부하거나 상속인들의 상의 하에 같은 용도로 사용할 수 있도록 한다.

2017년 6월 25일

성명: 홍길동 ㊞
주소: 서울특별시 강남구 봉은사로 ○○길 ○○ 210동 901호 (○○아파트)

## 녹음 유언

녹음기기를 이용하는 방식으로, 음향을 음반·테이프·필름 등에 기록하는 것을 말한다. 카세트테이프에 녹음하거나, 비디오 동영상을 촬영하는 것이 이에 해당한다.

다양한 녹음기기의 발달로 인해 향후 그 활용도가 점점 커질 것으로 예상된다.

유언자가 유언의 취지와 이름 및 녹음 연월일을 육성으로 구술하고, 이에 참여한 증인이 그 유언의 정확함과 그 성명을 구술하여야 한다. 증인은 1명이면 족하다.

녹음을 보관한 사람이나 발견한 사람은 자필증서 유언과 마찬가지로 유언자의 사망 후 가정법원에 검인을 청구해야 한다. 유언자의 생생한 육성을 통해 그 감정까지 느낄 수 있는 것이 장점이다.

## 공정증서 유언

유언자가 증인 2명과 함께 공증인(공증인가를 받은 사람이나 법무법인) 앞에서 유언의 취지를 말로 전하고, 공증인이 이것을 정리하여 기록하는 방식이다.

유언자와 증인이 그 정확함을 승인한 후 각자 서명이나 기명날인을 해야 한다. 공증인도 증서가 위와 같은 방식에 따라 작성되었다는 것을 유언장에 부기하고 기명날인하여야 한다.

이 유언 방식은 진정한 것으로 추정되므로 다른 유언 방식에 비해 분쟁 해결이 쉬워진다. 또 다른 유언 방식과는 달리 유언자의 사망 후 법원의 검인 절차를 밟지 않아도 된다.

공증된 유언장 원본을 공증사무소가 보관하며 의뢰인에게는 유언장의 정본이나 등본을 발급해 준다. 따라서 분실 위험이 없는 것이 장점이다.

이 경우 공증인에게 법으로 정해진 공증 수수료를 지급해야 한다. 수수료는 물려주고자 하는 각 재산들의 평가액을 합산한 금액에 0.15%를 곱하여 산출한 금액에다 기본수수료 21,500원을 더하면 된다. 그러나 최대 300만 원을 초과할 수 없으므로 유언 공증 비용은 물려줄 재산이 아무리 많아도 300만 원 이하이다.

일례로 물려줄 재산의 합계액이 2억 원이면, 유언공증 수수료는 2억×0.0015+21,500=321,500원이다.

유언자가 와병 등 부득이한 사정으로 공증인 사무실을 방문하기 어려운 경우에는 공증인이 유언자를 방문하여 유언 공증을 하기도 한다. 이런 경우 소정의 출장비가 추가된다. 이 밖에 토요일 및 공휴일, 야간 또는 병상에서 유언 공증을 하는 경우 수수료의

50%가 할증된다.

유언 공증에는 필요한 구비서류가 있으므로 미리 공증인 사무실에 문의하여 준비해야 한다. 또 증인의 경우에는 사전 신원조회 절차(3시간~1일 소요)가 필요하므로 구비서류를 미리 제출하여야 한다.

## 비밀증서 유언

이 방식은 유언장이 존재한다는 것은 명확하게 해두지만, 유언 내용은 비밀로 하기를 원하는 경우에 이용한다.

먼저 유언의 취지와 그 필기자의 성명을 기입한 증서를 작성해야 한다. 즉, 자필증서와 달리 비밀증서 유언은 타인이 필기해도 된다. 증인에게 그 필기를 부탁해도 좋다. 타인이 필기한 경우에는 유언장 맨 아래에 필기자 ○○○라고 서명하여야 한다.

유언자는 그 증서를 굳게 봉인하고 날인하여 이것을 2명 이상의 증인의 면전에 제출한다. 유언봉서가 자신의 유언장임을 표시한 후 그 봉서 표면에 제출 연월일을 적고 유언자와 증인이 각자 서명 또는 기명날인하여야 한다.

유언봉서는 그 표면에 기재된 날로부터 5일 내에 공증인 또는 법원서기에게 제출하여 봉인 위에 확정일자인을 받아야 한다. 비밀증서 유언이 요건상 흠결로 효력이 발생하지 않을 경우 그 증서가 자필증서 유언의 방식에 적합한 때에는 자필증서 유언으로서 법적 효력을 갖는다.

◇ 비밀증서 유언장의 사례

> 유 언 장
>
> 나 홍길동이 죽고 나면 다음과 같이 처리해주기 바란다.
>
> 첫째, 서울특별시 강남구 테헤란로 ○○길 ○○ 건물은 장남 홍○○에게 상속한다.
>
> 둘째, 은행에 예금되어 있는 5,000만원은 둘째 아들 홍○○에게 상속한다.
>
> 셋째, 충청북도 제천시 의림대로 ○에 있는 토지는 막내 홍○○에게 준다.
>
> 넷째, 현재 사는 주택은 처에게 상속한다.
>
> 유언자 : 홍길동
> 필기자 : 성춘향

◇ 비밀증서 유언장 봉서 표면의 사례

```
        홍길동의  유언장
    제출일: 2017. 6. 25
    유언자: 홍길동㊞
    증 인: 성춘향㊞
    증 인: 이몽룡㊞
```

## 구수증서 유언

구수증서란 유언자의 말을 받아 적은 증서를 말한다.

이 방식은 유언자가 위독한 경우, 질병 등의 급박한 사유가 있을 때에 하는 특별한 유언으로, 다른 유언 방식을 취할 수 없는 경우에 사용한다. 따라서 급박한 사유가 없을 때에는 다른 방식의 유언을 하여야 하며 구수증서 방식을 사용할 수 없다.

유언자는 증인 1명에게 유언의 취지를 구수(口授)하고, 구수 내용을 받은 증인이 이를 필기, 낭독하여야 한다. 그리고 증인 2명 이상이 그 정확함을 확인한 후 각자 서명 또는 기명날인 하여야 한다.

이 방식은 증인 또는 이해관계인이 급박한 사정이 종료한 날로부터 7일 이내에 가정법원에 그 검인을 신청해야 한다.

◇ 유언 방식별 특징

| 방식/특성 | 자필증서 | 녹음 | 공정증서 | 비밀증서 | 구수증서 |
|---|---|---|---|---|---|
| 증인 | × | 1명 이상 | 2명 | 2명 이상 | 2명 이상 |
| 공증인 | × | × | ○ | ○ (또는 법원서기) | × |
| 검인 | ○ | ○ | × | ○ | ○ |
| 수수료 | × | × | 목적물 가액에 따름 | 1,000원 (확정일자 비용) | × |
| 장점 | 간편 | 간편 | 위변조·훼손 불가 | 비밀 보장 | 급박할 때 가능 |
| 단점 | 위변조·파기 우려 | 녹음 훼손 우려 | 수수료 부담 | 훼손·분실 우려 | 사유 종료 후 7일 내 검인 |

## 유언에 필요한 증인

자필증서 유언을 제외한 유언에는 꼭 증인이 있어야 한다. 따라서 녹음, 공정증서, 비밀증서, 구수증서 유언에는 반드시 증인이 필요하다. 증인이 없는 유언은 법적 효력이 없다.

증인이란 유언이 진정으로 성립하였다는 것, 즉 유언자의 진정한 뜻에 의한 유언임을 증명하기 위한 사람이다. 따라서 적법한 유언을 위해서는 미리 증인을 섭외해야 한다.

아래의 어느 하나에 해당하는 사람은 증인결격자로서 유언의 작성에 참여하지 못한다.

- 미성년자
- 피성년후견인과 피한정후견인

(질병, 장애, 노령, 그 밖의 사유로 인한 정신적 제약으로 사무처리 능력이 결여된 사람을 대상으로 법원이 해당 심판을 내린 사람을 지칭한다.)

- 유언으로 이익을 받을 사람 및 그의 배우자와 직계혈족

공정증서 유언의 경우에는 위의 증인결격자 이외에도 아래와 같은 사람은 증인이 될 수 없다. 다만, 유언자가 공증인법에 따라 증인의 참여를 청구한 경우에는 가능하다.

- 서명할 수 없는 사람
- 시각장애인 또는 문자를 해득하지 못한 사람
- 유언에 관하여 이해관계 있는 사람
- 유언에 관하여 대리인 또는 보조인이거나 대리인 또는 보조인이었던 사람
- 공증인의 친족, 피고용인 또는 동거인
- 공증인의 보조자

## 05 유언의 검인과 집행

 유언자가 사망하면 유언의 증서나 녹음을 보관한 사람 또는 이를 발견한 사람은 그 증서나 녹음을 지체 없이 법원에 제출하여 검인을 청구해야 한다.
 유언의 검인이란 유언자의 최종의사를 확실하게 보존하고 그 내용을 이해관계인이 명확히 알 수 있도록 법원이 유언의 방식에 관한 모든 사실을 조사한 후 이를 확정하는 것이다.
 자필증서, 녹음, 비밀증서 유언이 이에 해당한다. 공정증서나 구수증서에 의한 유언은 검인 절차를 거칠 필요가 없다. 공정증서는 그 자체로 이미 공정력이 있고, 구수증서 유언은 이미 검인을 받고 있기 때문이다.

검인은 상속개시지의 가정법원에 청구해야 한다. 상속개시지란 사망한 유언자의 주소를 말하므로, 유언자가 다른 장소에서 사망한 경우에도 상속개시지는 유언자의 주소이다.

그러면 가정법원은 검인에 관한 조서를 작성해 준다. 조서에는 아래의 사항이 기재되고 판사, 법원사무관 등이 기명날인한다.

- 제출자의 성명과 주소
- 제출, 개봉과 검인의 일자
- 참여인의 성명과 주소
- 심문한 증인, 감정인, 상속인, 그 밖의 이해관계인의 성명, 주소와 그 진술의 요지
- 사실조사의 결과

검인은 유언의 위조·변조를 방지하고 그 보존을 확실히 하기 위한 절차이다. 적법한 유언증서는 유언자의 사망에 의하여 곧바로 그 효력이 발생하며, 검인은 유언의 효력에 영향을 미치지 않는다.

다만 검인을 통해 유언을 둘러싼 분쟁을 예방하는 효과를 기대할 수 있다. 또 나중에 유언에 기초한 등기 절차에서 그 유언장을 등기원인 서류로 제출할 수 있다.

만약 상속인이 유언장을 위조, 변조, 파기, 은닉하면 상속결격자가 되어 상속을 받을 수 없게 된다. '은닉'의 의미에 대하여 대법원 판례는 유언장의 소재를 불분명하게 하여 유언장의 발견을 방해하

는 일체의 행위로 본다. 이러한 불법행위는 사문서위조변조죄, 재물손괴죄 등으로 형사처벌을 받을 수도 있다.

유언의 집행은 통상의 경우 상속인이 한다. 하지만 유언자는 유언으로 유언집행자를 지정할 수 있고 그 지정을 제3자에게 위탁할 수 있다. 이 경우 유언집행자는 상속인의 대리인 자격이다.

## 제3부

# 마지막 돌봄

"죽음의 심부름꾼은 병이다."
- 프란시스 루스 -

## 06

# 간병·수발의 심각성

노인들이 즐겨 사용하는 말 중에 '9988'이라는 표현이 있다. 99세까지 팔팔(88)하게 살다가 생을 마감한다는 뜻이다. 이처럼 모든 사람이 사망 전날까지 건강하게 살다가 홀연히 죽음을 맞기를 원한다.

그러나 현실에서 그런 경우는 그다지 많지 않다. 많은 경우 죽음을 향해 다가갈수록 질병과 노쇠 현상을 피할 수 없다.

이러한 현상이 심화되면 스스로 거동하거나 혼자 자신의 몸을 건사하는 것이 힘들어진다. 이 단계에 들어서면 1차적으로 가족이 그 뒷바라지를 하지만 이런 간병과 수발은 결코 쉬운 일이 아니다. 엄청난 정신적, 육체적 수고가 뒤따른다. "긴 병 앞에 효자 없다."

는 말을 실감하게 된다.

간병·수발에 필요한 기본적인 일은 다음과 같다.

- 환자가 요구하는 심부름을 제공한다.
- 의사가 금지하는 행동을 하지 않도록 관리한다.
- 약을 시간에 맞추어 복용할 수 있도록 한다.
- 주변 환경을 청결히 유지한다.
- 식사를 준비하고, 혼자 식사를 못하는 환자를 위해 식사에 도움을 준다.
- 환자가 적절한 운동을 하도록 돕는다.
- 환자의 대소변, 세수, 목욕 등을 돕는다.

현실적으로는 핵가족화, 피치 못할 형편 등으로 그 간병·수발이 원활하지 못한 경우가 빈발한다. 이 때문에 가족들이 직장을 그만두거나 개인적인 삶을 포기하기도 한다. 간병·수발을 하는 가족은 우울증에 시달리는 경우가 허다하다.

요양보호사, 간병인 등 외부의 도움을 받으려고 해도 그 비용 부담이 만만치 않다. 경우에 따라서는 그 비용이 수백만 원에 이른다. 이런 경제적 부담은 가족 간에 불화를 유발할 뿐 아니라 심지어 가정파탄의 원인이 된다.

그래서 '죽어야만 끝나는 고통'이라는 극단적 생각에 간병·수발을 하는 가족이 환자를 죽이고 자살하는 사건들이 심심찮게 보도된다. 가족이 동반자살 하는 비극도 발생한다.

  따라서 이럴 때에 미리 도움을 받을 수 있는 방법을 알아 두어야 한다. 적절하게 대처할 수 있는 방안을 미리 생각해 두어야 한다. 물론 최선책은 당사자가 사망 직전까지 9988하게 건강상태를 잘 유지하는 것이다.

# 07 장기요양 서비스

## 장기요양등급

혼자 거동하기 힘든 노인과 그 가족은 우선적으로 노인장기요양보험의 도움을 받을 수 있다.

이 서비스는 고령이나 질병 등의 사유로 스스로 일상생활을 하기 힘든 노인을 도와주는 제도이다. 대부분 와상상태(누워서 생활하는 상태) 또는 준와상상태이거나 치매 등을 앓는 사람들이 그 대상이다.

그동안 가족에게만 지워진 노인부양이라는 무거운 짐을 사회가 품앗이한다는 취지에서 2008년 7월에 도입되었다. 그래서 이 서비스는 노인 자신보다 오히려 그 가족을 위한 제도라고 할 수 있다.

국민건강보험 가입자(피부양자 포함)는 누구나 이 서비스를 받을 자격이 있다. 실제 대상자는 혼자서는 일상생활이 곤란한 65세 이상 노인, 그리고 65세 미만이지만 치매·뇌혈관성 질환·파킨슨병 등 노인성 질환을 앓는 사람들이다.

이 서비스를 받기 위해서는 먼저 장기요양등급을 받아야 한다. 등급은 대상자의 심신 상태에 따라 1~5등급으로 분류되며 이 밖

◇ 장기요양등급 판정기준

| 장기요양등급 | 판정기준 |
| --- | --- |
| 1등급 | 일상생활에서 전적으로 타인의 도움이 필요한 사람.<br>(장기요양인정 점수 95점 이상) |
| 2등급 | 일상생활에서 상당 부분 타인의 도움이 필요한 사람.<br>(장기요양인정 점수 75점 이상 95점 미만) |
| 3등급 | 일상생활에서 부분적으로 타인의 도움이 필요한 사람.<br>(장기요양인정 점수 60점 이상 75점 미만) |
| 4등급 | 일상생활에서 일정 부분 타인의 도움이 필요한 사람.<br>(장기요양인정 점수 51점 이상 60점 미만) |
| 5등급 | 노인장기요양보험법 시행령 제2조에 따른 치매 환자.<br>(장기요양인정 점수 45점 이상 51점 미만) |
| 등급외 A | 지팡이로 실내 이동 자립. 목욕, 화장실 이용 등 약간의 도움 필요.<br>장시간 혼자 집안 거주 가능. 복지관 이용 가능. 인지력 저하.<br>(장기요양인정 점수 45점 이상 51점 미만) |
| 등급외 B | 실내 이동 자립, 실외 이동도 자립도 높음. 목욕 등에서 약간 도움 필요.<br>만성관절염 호소, 복지관 이용 가능. 인지력 약간 저하<br>(장기요양인정 점수 40점 이상 45점 미만) |
| 등급외 C | 혼자 일상생활 가능, 건강증진 등 예방서비스가 필요한 사람.<br>(장기요양인정 점수 40점 미만) |

※상세한 내용은 보건복지부의 「장기요양등급판정기준에 관한 고시」 참조

에 등급외(A, B, C) 판정이 있다. 1등급이 중증이며 5등급은 경증이다. 그리고 이 등급은 사회적으로 흔히 사용되는 장애등급과는 별개이다.

간단히 설명하면, 대개 1등급은 일상생활에서 전적으로 타인의 도움이 필요한 사람, 2등급은 상당 부분 타인의 도움이 필요한 사람, 3등급은 부분적으로 타인의 도움이 필요한 사람, 4등급은 일정 부분 타인의 도움이 필요한 사람, 5등급은 치매 환자이다. 대상자는 이 등급에 따라 받을 수 있는 서비스의 종류와 한도가 달라진다.

등급 신청은 본인이나 가족, 보호자 등이 건강보험공단에 방문, 우편, 팩스 등의 방법으로 신청서를 제출하면 된다. 그러면 공단 직원이 대상자의 상태를 방문조사하고 의사소견서를 참조하여 신청일로부터 30일 이내에 등급을 판정해 준다. 등급 판정은 대상자의 소득수준과는 무관하므로 누구나 등급 신청이 가능하다.

첫 등급 판정의 유효기간은 1년. 등급을 갱신할 때 직전과 같은 등급을 받을 경우 유효기간은 1등급 3년, 2~5등급은 2년이다.

장기요양등급을 받지 않거나 받지 못한 경우에도 장기요양 서비스를 이용할 수 있다. 희망자(가족)가 직접 장기요양기관에 서비스 제공을 신청하면 된다. 하지만 그 비용은 전적으로 희망자 본인이나 가족이 부담해야 한다. 따라서 경제적 부담이 클 수밖에 없다.

기타 상세한 내용은 노인장기요양보험 홈페이지 www.longtermcare.or.kr에서 확인할 수 있다.

## 재가 서비스

장기요양 서비스의 기본은 재가(在家) 서비스이다. 즉, 요양보호사 등이 대상자의 가정을 방문하여 간병, 용변, 식사 준비, 목욕, 빨래, 청소, 말벗, 운동 보조 등의 서비스를 제공한다.

장기요양등급 1~5등급인 사람은 누구나 이 서비스를 받을 수 있다. 등급에 따라 제공되는 서비스의 월 한도액은 2017년 기준 대략 125만 원에서 84만 원 사이(복지용구 제외)이다. 대상자는 이 비용의 15%만 본인이 부담하며 기초생활수급자나 중증질환자 등 일부 대상자는 추가로 감경 혜택을 받을 수 있다. 나머지 비용은 장기요양보험에서 부담한다.

구체적인 재가 서비스 내용은 아래와 같다.

• 방문요양: 요양보호사 등이 대상자의 가정 등을 방문하여 신체활동 및 가사활동 등을 지원한다. 1일 4시간 주5회 제공을 기준으로 한다.

• 방문목욕: 장기요양 요원이 목욕설비를 갖춘 차량을 이용하

여, 대상자의 가정을 찾아가 목욕 서비스를 제공한다.

• 방문간호: 의사, 한의사 또는 치과의사의 지시에 따라 간호사, 간호조무사 또는 치위생사가 대상자의 가정 등을 방문하여 혈압·맥박 등 측정, 투약·주사, 간호, 진료의 보조, 요양에 관한 상담 또는 구강위생 처치 등을 한다.

• 주·야간 보호(1일당): 대상자를 하루 중 일정한 시간 동안 장기요양기관에서 보호하면서 목욕, 식사, 기본 간호, 치매 관리, 응급 서비스 등 심신 기능의 유지·향상 위한 교육·훈련 등을 제공한다.

• 단기 보호(1일당): 대상자를 월 15일 이내 기간 동안 장기요양기관에서 보호하면서 신체활동 지원 및 심신기능의 유지·향상을 위한 교육·훈련 등을 제공한다.

• 기타 재가급여: 대상자의 일상생활 또는 신체활동에 필요한 용구를 제공·대여한다. 휠체어, 전동·수동 침대, 욕창방지 매트리스·방석, 욕조용 리프트, 이동 욕조, 보행기 등.

장기요양등급을 받은 대상자의 가족이나 보호자가 인근의 장기요양기관에 신청하면 이 같은 서비스를 받을 수 있다. 장기요양기관은 노인장기요양보험 홈페이지 www.longtermcare.or.kr의 민원상담실→검색서비스→장기요양기관의 순으로 들어가 찾을 수 있다.

대상자의 가족이 요양보호사 자격을 취득하여 대상자에게 직접 재가 서비스를 제공하는 것도 가능하다. 이때 가족은 대상자의 배우자, 직계혈족 및 형제자매, 직계혈족의 배우자, 배우자의 직계혈족 및 배우자의 형제자매이며, 제공 가능한 서비스는 방문요양과 방문목욕이다.

이런 경우 요양보호사 자격을 취득한 가족이 장기요양기관에 등록하고 건강보험공단에 통보하여야 급여를 받을 수 있다. 방문요양의 경우 인정받을 수 있는 급여의 범위는 1일 60분, 월 20일 이내로, 돈으로 환산하면 월 36만 원 정도이다. 다만 해당 가족이 건강보험 직장가입자(장기요양기관 포함)로서 월 160시간 이상 상근하는 경우에는 이 급여를 인정받지 못한다.

## 노인요양기관 이용

집에서 대상자를 간병·수발하기 힘든 경우에는 요양기관을 이용할 수 있다.

장기요양등급 1~2등급을 받은 사람들 중 본인(가족)이 희망하는 경우, 3~5등급자 중 건강보험공단에서 그 필요성을 인정하는 경우에는 장기간 요양기관에 입소해 보살핌을 받을 수 있다. 대상자는 비용(비급여 항목 제외)의 20%만 부담하면 된다. 기초생활수급자나 중증질환자 등 일부 대상자는 추가로 감경 혜택을 받을 수 있다.

전국적으로 5천여 곳의 노인요양기관이 있으며, 지역별 해당 기관은 노인장기요양보험 홈페이지 www.longtermcare.or.kr의 민원상담실→검색서비스→장기요양기관의 순으로 들어가 찾을 수 있다.

동시에 이들 기관에 대한 노인장기요양보험의 평가도 확인할 수 있다. 장기요양기관 평가는 A(최우수), B(우수), C(양호), D(보통), E(미흡) 등 5등급으로 분류된다. 각 기관의 평가등급을 클릭하면 대분류 영역별 수준(★)을 확인할 수 있다.

요양기관은 크게 노인요양시설과 노인요양공동생활가정 등 2종류이다. 이 밖에 성격은 비슷하지만 장기요양보험과는 무관한 요양병원이 있다.

● 노인요양시설

흔히 '요양원'으로 알려져 있는 시설로 입소자가 10명 이상인 곳이다.

치매·중풍 등 지속적인 간병·수발을 필요로 하는 중증 환자들이 주로 이용한다. 물리치료실, 치매전담실 등을 갖추고 있지만 의료진이 상주하지 않기 때문에 치료보다는 요양의 목적이 크다.

치료를 받기 위해서는 외부 병원에서 협진하거나 다른 병원으로 가야 하는 번거로움이 있다. 반면 요양보호사가 근무하고 있기 때문에 환자 가족이 별도로 간병인을 구할 필요가 없는 것이 장점이다.

제공되는 서비스의 1일 한도액은 2017년 기준 5만~6만 원선(본인 부담 20%, 일부 대상자는 추가 감경)이다. 이용자는 장기요양보험의 혜택을 받는 경우에도 대개 월 평균 60만~150만 원의 비용이 든다. 비급여 서비스 항목이 있기 때문이다.

또 요양원별로 시설의 차이가 크므로 비용에서도 상당한 차이가 난다.

● 노인요양공동생활가정

입소 정원이 5명 이상 9명 이하인 곳으로 '요양원'의 축소판이라고 할 수 있다. 큰 단독주택에서 노인들이 함께 지내는 하숙집과 흡사하다. 노인요양시설에 비해 가정적인 분위기가 장점이다.

주로 경증 환자들이 이용한다. 가정과 같은 주거 여건에서 신체활동 지원 및 심신기능의 유지 향상을 위한 교육 훈련 등의 서비스를 제공한다. 요양보호사가 근무하며 물리치료실 등을 구비하고 있지만 노인요양시설보다 소규모이다.

제공되는 서비스의 1일 한도액은 2017년 기준 45,000~52,000원선(본인 부담 20%, 일부 대상자는 추가 감경)이다.

● 요양병원

의사나 한의사가 상주하는 의료기관으로 장기요양보험과는 무관하며 국민건강보험의 적용을 받는다. 따라서 입원에 장기요양등급이 불필요하며 나이 제한도 없다.

간병·수발뿐 아니라 약물치료 등 복합적인 돌봄을 필요로 하는 중증 환자들이 주로 이용한다. 환자는 입원비 외에 자비로 간병인을 사용해야 하기 때문에 건강보험을 적용해도 월 평균 100만~수백만 원 정도의 비용이 든다.

2017년 기준 전국적으로 1,500여 개의 요양병원이 있으며, 지역별 병원명은 건강보험심사평가원 홈페이지 www.hira.or.kr의 '병원·약국 찾기' 항목에서 검색할 수 있다.

노인요양기관들을 이용할 때 가족들이 특별히 신경 써야 하는 것이 노인학대 문제이다. 비록 극히 일부이지만 이들 요양기관에서의 노인학대가 계속 사회문제가 되고 있다.

효과적인 대처법은 가족들이 지속적인 관심을 갖고 자주 방문하는 등 감시에 최선을 다하는 것이다. 아울러 요양기관을 선택할 때부터 노인장기요양보험이나 건강보험심사 평가원으로부터 좋은 평가를 받은 곳을 선택하는 것이 좋다. 평가정보는 두 기관의 홈페이지에서 검색할 수 있다.

또 흔치는 않지만 일부에서 영리를 목적으로 의학적으로 검증되지 않은 치료를 강권하는 경우도 있다. '혹시나' 하는 마음에서 덜컥 수락했다가는 돈만 날릴 수 있음에 유의해야 한다.

## 노인돌봄 종합서비스

장기요양등급을 받지 못하였지만 부득이한 경우에는 노인돌봄 종합서비스의 이용을 고려할 수 있다. 이 서비스의 대상자는 장기요양등급외 A, B 판정자로서 가구소득이 전국평균의 1.5배를 넘지 않는 경우이다. 이 서비스는 정부가 독거노인의 안전을 챙기는 노인돌봄 '기본'서비스와는 별개이다.

이 서비스를 받기 위해서는 본인(가족)이 읍·면·동 주민센터에 신청하여 대상자로 선정되어야 한다. 그러면 정부가 제공하는 지원액(월 20만~35만 원 정도)을 사용할 수 있는 바우처 카드가 지급된다.

대상자는 매월 지정된 계좌로 본인부담금(사용 한도액의 15% 내외)을 입금한 뒤 장기요양기관에서 이 바우처 카드를 사용할 수 있다. 제공받을 수 있는 서비스의 종류는 다음과 같다.

• 방문 서비스: 매월 27시간(또는 36시간) 동안 취사, 청소, 세탁, 식사, 외출 동행, 목욕 보조, 화장실 이용 도움 등의 재가 서비스를

받을 수 있다. 1회 방문 시 2시간 기본.

• 주간보호 서비스: 매월 9일(또는 12일) 동안 장기요양기관에서 주간보호를 받을 수 있다. 1일 9시간 기준.

• 치매가족 휴가지원 서비스: 치매노인의 가족이 휴가를 갈 경우 연 6일 이내에서 장기요양기관이 치매노인을 돌봐준다.

• 단기가사 서비스: 1개월 동안 24시간 내에서 방문 서비스와 동일한 서비스를 제공한다. 1회에 한해 1개월 연장이 가능하다. 1회 2시간 기본.

## 08
# 호스피스 서비스

　한국인 4명 중 1명은 암으로 사망한다. 이 외에 심장질환, 뇌혈관질환 등 각종 질환으로 사망하는 사람들까지 포함하면 한국인의 대다수는 질병으로 사망한다.
　그런데 이들 중 상당수가 사망하기까지 수개월 간 고통스럽게 앓기 때문에 가족의 마음을 아프게 한다. 대표적인 것이 말기암 환자들이다. 이들은 더 이상의 치료방법 없이 통증 등으로 고통 받다가 사망한다.
　이런 경우에 환자 가족들이 의지할 수 있는 것이 호스피스 제도이다.
　호스피스는 환자가 사망 전까지 편안하게 인생을 마무리하고 가족들과 잘 지낼 수 있도록 의사, 간호사, 사회복지사, 성직자, 자원봉사자 등이 팀을 이뤄 도와주는 제도이다. 무의미한 연명치료에 집착하지 않고 환자가 최대한 고통 없이 인간답게 자신의 수명을 다할 수 있도록 돕는 것이 이 제도의 목적이다.

호스피스 서비스는 병원(입원 호스피스)과 가정(가정 호스피스)에서 각각 받을 수 있다.

## 입원 호스피스

입원 호스피스 서비스는 2017년 초 기준 전국 88개 의료기관이 별도의 호스피스 병동을 개설해 제공하고 있다. 구체적인 병원명은 국립암센터 호스피스 완화의료 사이트 hospice.cancer.go.kr에서 찾아볼 수 있다. 이들은 주로 공공병원이나 종교성이 강한 의료기관이다. 서울의 경우 가톨릭 계열인 서울성모병원이 대표적이다.

호스피스 병동은 입원실과 거실, 실내 정원, 상담실, 목욕실, 임종실 등을 갖추고 있다. 시설은 일반 병동과 달리 편안한 느낌을 주며 의료진도 환자에게 최대한 친근한 태도로 접근한다. 과거에는 '죽으러 가는 장소'라는 부정적 인식이 강했으나 최근에는 '최선의 돌봄 장소'라는 긍정적 인식으로 바뀌고 있다.

이 서비스에 대한 환자와 가족의 만족도도 높은 편이다. 환자의 경우 각종 검사와 항암치료에 시달리지 않으면서, 적절한 통증 완화 및 심리 안정 치료를 받을 수 있어 만족도가 높다.

제공되는 구체적인 서비스는 다음과 같다.

- 통증 조절: 일반 의료기관보다 통증을 더 잘 조절한다.
- 증상 조절: 메스꺼움, 구토, 수면장애, 식욕부진, 숨 가쁨, 변비 등 증상들을 상당 부분 완화한다.
- 다양한 프로그램: 음악요법, 미술요법, 마사지 등 다양한 프로그램을 통해 정서적, 신체적으로 의미 있게 보낼 수 있게 돕는다.
- 임종 돌봄: 환자와 가족에게 뜻 깊은 임종이 되도록 돕는다.
- 사별 돌봄: 남겨진 가족들을 위한 서비스를 제공한다.

현재 환자의 평균 이용기간은 23일 정도인 것으로 알려져 있다. 하지만 전문가들은 사망 전 3개월 정도의 이용을 권장한다. 건강보험이 적용되기 때문에 환자의 비용 부담은 하루 2만 원대(간병인 비용 제외)로 저렴한 편이다. 전문 요양보호사 제도를 병행하고 있는 병원에서는 간병비 또한 건강보험 혜택을 받을 수 있어 매우 저렴하다.

이 서비스를 이용하려면 이들 의료기관에 직접 문의하거나 암 치료를 받은 병원에서 상담 받으면 된다.

## 가정 호스피스

가정 호스피스는 진료팀이 환자의 집을 방문해 호스피스 서비스를 제공하는 것이다. 항암치료 중단 이후 호스피스 병동에 입원하기를 싫어하는 환자, 집에서 임종하기를 원하는 환자는 이 제도를 이용하는 것이 좋다.

2017년 기준 정부 시범사업에 의해 전국 21개 의료기관이 이 서비스를 제공하고 있다. 대부분 입원 호스피스 서비스를 제공하는 의료기관들이다. 지역별로 구체적인 병원명은 국립암센터나 건강보험심사평가원의 담당 부서에 문의하면 알 수 있다.

이 서비스는 담당 의사로부터 '수개월 내에 사망할 것으로 예상된다'는 진단을 받은 환자가 이용할 수 있다. 가정 호스피스에 등록하면 전문 의료진이 주1회 이상 가정방문 서비스를 제공하며, 환자와 그 가족은 언제든지 의료진과 전화 상담을 할 수 있다.

제공되는 서비스는 입원 호스피스와 비슷하다. 환자 부담 비용은 가정방문 1회당 5,000~1만 3,000원 선이다.

## 제4부

# 장례 방법의 결정

"모든 행로는 묘지에서 끝난다. 무덤은 무(無)의 입구이다."
- 버나드 쇼 -

## 09

# 매장·화장의 장단점

 상을 당하면 유족들은 슬픔 속에 황망한 시간을 보내게 된다. 그리고 요즘 장례는 3일장이라는 짧은 기간에 모든 절차를 마치는 것이 일반적이다. 따라서 장례 방법은 미리 결정해 놓는 것이 좋다.
 고인의 생전에 고인과 협의해 고인이 희망하는 장례 방법을 선택하는 것이 가장 바람직하다. 만약 고인의 생전에 정해진 바가 없다면 유족들이 빨리 장례 방법을 결정해 장례 절차를 진행하여야 한다.
 먼저 유족은 매장과 화장 중 한 가지를 선택하여야 한다.
 매장은 전통의식을 그대로 유지할 수 있고, 추후 명절이나 제사 때 친족들 간의 우의를 다질 수 있는 장점이 있다. 그러나 비용이 많이 들고, 절차가 복잡하며, 나중에 벌초 등 사후관리가 힘든 것이 단점이다.

국가적으로는 묘지 증가로 인해 국토의 많은 부분이 비생산적인 용도로 사장되는 것이 매장의 근본적인 문제점으로 대두되었다. 이에 따라 법적으로 묘지는 최장 60년의 안장기간이 지나면 유골을 화장한 후 봉안시설에 안치하거나 자연장을 하여야 한다.

◇ 매장·화장의 장단점 비교

|  | 매장 | 화장 |
|---|---|---|
| 장점 | - 전통의식 유지<br>- 친족 간 유대 강화 | - 간소한 절차<br>- 비용 저렴<br>- 사후관리 편리<br>- 수시로 추모 가능<br>- 자연장 가능 |
| 단점 | - 비용 과다<br>- 절차 복잡<br>- 사후관리 불편<br>- 국토 잠식<br>- 최장 60년 후 묘지 폐기 | - 친족 간 유대 약화<br>- 전통의식 약화 |

그래서 요즘에는 매장보다 화장에 대한 선호도가 훨씬 커져 화장 비율이 80%를 넘어선 것으로 알려졌다. 화장 비율은 고인의 연령대가 낮을수록 높아지는 경향을 보인다.

화장은 작은 비용으로 간소하게 장례를 치를 수 있는 것이 장점이다. 그리고 관리가 간편하며 수시로 찾아가 고인을 추모할 수 있다. 그러나 명절이나 제사 때에 친족들 간에 만날 기회가 드물어지는 것이 단점으로 지적된다. 우리의 전통문화가 사라진다는 것도 아쉬운 점이다.

화장을 선택한 경우에는 화장 후 분골을 어떻게 모실 것인가를 결정해야 한다.

현재는 분골을 봉안(납골)시설에 안치하는 것이 일반적이다. 그러나 매장에서와 비슷한 문제점들이 나타나 최근에는 자연장에 대한 관심이 부쩍 높아지는 추세이다. 대표적인 자연장으로 수목장이 시행되고 있다.

# 10 매장

## 매장의 방법과 절차

시신(임신 4개월 이후에 죽은 태아 포함)이나 유골을 땅에 묻는 매장은 특별한 경우가 아니면 사망(사산)한 때로부터 24시간이 지나야 시행할 수 있다.

법적으로 매장은 공설묘지 또는 사설묘지가 아닌 곳에는 할 수 없다. 이를 위반하면 1년 이하의 징역 또는 500만 원 이하의 벌금에 처해진다. 그리고 행정관청으로부터 이전명령 등 행정처분과 벌칙을 받을 수 있다.

그러나 사설묘지 중 개인묘지는 법령상 묘지 설치제한지역(녹지지역, 상수원보호구역, 문화재보호구역 등)과 설치가 제한된 곳만 피해 사후 매장·분묘설치 신고를 하면 된다. 따라서 매장도 유족이 원하기만 하면 비교적 자유롭게 할 수 있다.

매장은 위생적으로 처리하여야 하며 매장의 깊이는 지면으로부터 1m 이상이어야 한다. 화장한 유골을 매장하는 경우에는 지면으로부터 30cm 이상이어야 한다. 시신에 대한 약품 처리는 법령 기준에 따라 위생적으로 하여야 한다.

매장의 절차는 묘지 도착 후 하관 → 유족 취토(관에 흙 뿌림)→ 성분(봉분 만듦) → 성분제(또는 평토제)의 순으로 진행한다. 공설·법인묘지의 경우에는 관리사무소 서류 접수 → 매장지로 이동→ 하관의 순으로 진행한다.

## 묘지의 선택

매장에 사용되는 묘지는 크게 공설(공동)묘지와 사설묘지로 나뉜다. 공설묘지는 지방자치단체가 운영하는 집단묘지를 말한다. 사설묘지에는 개인묘지와 집단묘지(가족묘지, 종중·문중묘지, 법인묘지)가 있다. 매장은 이들 묘지 이외의 장소에 해서는 안 된다.

분묘의 설치기간은 30년이며 합장 분묘인 경우에는 합장된 날을 기준으로 계산한다. 설치기간이 지난 분묘는 1회에 한하여 그 설치기간의 연장을 신청할 수 있으며 연장기간은 최대 30년이나 지방자치단체별로 차이가 있다.

설치기간이 끝난 분묘는 종료일로부터 1년 이내에 시설물을 철거하고 매장된 유골을 화장하거나 봉안해야 한다. 이를 위반하면 1년 이하의 징역 또는 1,000만 원 이하의 벌금에 처해진다.

원칙적으로 묘지는 매장 대상자가 사망하기 전에는 매매·양도·임대·사용계약 등을 할 수 없다. 그러나 다음의 경우에는 사전 매매 등이 허용된다.

- 70세 이상인 사람의 묘지용으로 사용하기 위한 경우
- 뇌사자의 묘지용으로 사용하기 위한 경우
- 질병 등으로 6개월 이내에 사망이 예측되는 사람의 묘지용으로 사용하기 위한 경우(의사의 진단서 첨부)
- 합장을 하기 위한 경우(배우자에 한정)
- 묘지의 수급을 위해 지방자치단체의 조례로 정하는 경우

## 공설묘지

지방자치단체에서 운영하는 공설(공동)묘지는 전국적으로 508

곳 정도가 있다. 전국 공설묘지의 위치, 전화번호, 사용료, 관리비에 대한 자세한 내용은 보건복지부에서 운영하는 e하늘장사정보 사이트 www.ehaneul.go.kr에서 확인할 수 있다.

고인 또는 유족이 거주하는 지역이나 안장하고자 하는 지역의 관할 읍·면·동사무소, 시·군·구청에 소정의 절차를 밟아 신청할 수 있으며, 사설묘지에 비해 사용료 등이 매우 저렴한 것이 가장 큰 장점이다. 공설묘지의 30년 기준 유지비용은 대략 180만 원으로 사설묘지 550만 원의 1/3 수준이다.

그러나 대상자가 일정 기간 이상 해당 지역에 거주해야 하는 등 신청 자격에 제한을 두고 있다. 이용 희망자는 연고지 지방자치단체의 담당부서(주로 어르신복지과)에 사용 가능 여부를 확인한 후 자리를 배정받고 해당 지역 조례가 정하는 바에 따라 소정의 사용료와 관리비를 지불해야 한다. 대부분의 경우 해당 지역 주민과 다른 지역 주민을 구분하여 비용을 차등 부과한다.

이용 희망자는 묘지 중 남아 있는 자리를 순서대로 사용하는 것이 원칙이지만 서울시의 경우 공설묘지 5곳이 이미 만장이어서 추가 매장이 불가능한 실정이다. 다른 지역도 공설묘지가 만장인 곳이 있으므로 반드시 사전 확인이 필요하다.

## 사설묘지

민간에서 운영하는 사설묘지는 다음과 같이 4가지로 나눈다.

◇ **사설묘지의 종류**

| | |
|---|---|
| 개인묘지 | 1기의 분묘 또는 해당 분묘에 매장된 자와 배우자 관계였던 자의 분묘를 같은 구역에 설치하는 묘지 |
| 가족묘지 | 민법에 따라 친족 관계였던 자의 분묘를 같은 구역에 설치하는 묘지 |
| 종중·문중 묘지 | 종중이나 문중 구성원의 분묘를 같은 구역에 설치하는 묘지 |
| 법인묘지 | 법인이 불특정 다수인의 분묘를 같은 구역에 설치하는 묘지 |

개인묘지는 설치 후 신고해야 하며, 가족, 종중·문중, 법인묘지는 설치 전에 사전 허가를 받아야 한다.

그러나 다음의 지역에는 사설묘지를 설치할 수 없다. 이를 위반하면 행정제재와 함께 형사처벌을 받게 된다.

- 녹지지역 중 제한 지역
- 상수원보호구역
- 문화재보호구역
- 주거지역·상업지역 및 공업지역
- 수변구역 또는 특별대책지역(도로인접구역, 하천구역, 농업진흥지역, 산림보호구역, 국유림보존구역, 백두대간보호지역, 사방지(砂防地), 군

사보호구역 등)

● 개인묘지

개인묘지는 고인 또는 고인과 그 배우자만 매장할 수 있다.

분묘의 형태는 봉분 또는 평분으로 하되, 봉분의 높이는 지면으로부터 1m, 평분의 높이는 50cm 이하여야 한다. 지형·배수·토양 등을 고려하여 붕괴·침수의 우려가 없는 곳에 설치해야 하며, 석축과 인입도로의 계단을 설치할 때에는 붕괴의 우려가 없도록 해야 하고, 신고면적 안에 설치해야 한다.

개인묘지의 점유면적은 30$m^2$를 초과해서는 안 되며, 분묘 1기당 설치할 수 있는 시설물의 종류 및 크기는 다음과 같다.

- 비석 1개(높이는 지면으로부터 2m 이내, 표면적은 3$m^2$ 이하로 함)
- 상석 1개
- 그 밖의 석물은 1개 또는 1쌍(높이는 지면으로부터 2m 이내, 인물상은 설치할 수 없다.)

이들 시설물은 묘지 외의 구역에 설치해서는 안 된다.

개인묘지의 설치장소는 철도의 선로, 하천구역 또는 그 예정지역으로부터 200m 이상 떨어진 곳 그리고 20호 이상의 인가 밀집지역, 학교, 그 밖에 공중이 수시로 집합하는 시설 또는 장소로부터 300m 이상 떨어진 곳이어야 한다. 다만 자치단체장이 인정하는 경우에는 예외가 가능하다.

앞의 사항을 위반할 때에는 행정명령과 함께 형사처벌을 받게 된다.

개인묘지를 설치한 사람은 설치 후 30일 이내에 해당 묘지를 관할하는 지방자치단체장에게 신고해야 한다. 설치신고를 하지 않으면 300만 원 이하의 과태료가 부과된다.

설치신고를 할 때에는 개인묘지 설치신고서, 지적도 또는 임야도, 평면도, 묘지 소재지를 파악할 수 있는 위치도(약도) 또는 사진, 묘지 또는 토지소유자의 사용승낙서(타인 소유의 묘지 또는 토지에 설치하는 경우)를 제출한다.

● 가족묘지

민법상 친족만 매장할 수 있는 가족묘지를 설치하려면 해당 묘지를 관할하는 지방자치단체장의 사전 허가를 받아야 한다. 이를 위반하면 법적 제재를 받게 된다.

이때 제출서류는 가족묘지 설치허가신청서, 지적도 또는 임야도, 평면도, 개별 분묘 및 묘지소재지를 파악할 수 있는 위치도(약도) 또는 사진, 사용할 묘지 또는 토지가 허가신청인의 소유임을 증명하는 서류나 묘지 또는 토지소유자의 사용승낙서, 가족관계증명서 등이다.

가족묘지는 가족 당 1개소로 제한하며 그 면적은 100m² 이하여야 한다. 분묘의 형태는 봉분 또는 평분으로 하되, 봉분의 높이는 지면으로부터 1m, 평분의 높이는 50cm 이하여야 한다.

지형·배수·토양 등을 고려하여 붕괴·침수의 우려가 없는 곳에 설치해야 한다. 석축과 인입도로의 계단 등은 붕괴의 우려가 없어야 하며, 허가면적 안에서 설치해야 한다. 분묘가 설치되지 않은 지역은 잔디·화초·수목 등으로 녹화해야 한다.

가족묘지의 설치장소는 철도의 선로, 하천구역 또는 그 예정지역으로부터 200m 이상 떨어진 곳 그리고 20호 이상의 인가 밀집지역, 학교, 그 밖에 공중이 수시로 집합하는 시설 또는 장소로부터 300m 이상 떨어진 곳이어야 한다. 다만, 지방자치단체장이 인정하는 경우에는 예외가 있을 수 있다.

가족묘지의 점유면적(분묘 1기 기준)은 분묘 및 그 분묘의 상석·비석 등 시설물을 설치하는 구역의 면적이 10m²(합장의 경우 15m²)를 초과해서는 안 된다. 시설물의 종류 및 크기는 다음과 같다.

- 비석 1개(높이는 지면으로부터 2m 이내, 표면적은 3m² 이하로 한다.)
- 상석 1개
- 그 밖의 석물은 1개 또는 1쌍(높이는 지면으로부터 2m 이내, 인물상은 설치할 수 없다.)

이들 시설물은 묘지 외의 구역에 설치해서는 안 된다.

● 종중·문중묘지

종중·문중 묘지는 종중이나 문문의 구성원을 매장할 수 있다.

종중·문중묘지를 설치하려면 해당 지방자치단체장의 사전 허가를 받아야 한다. 이때 필요한 서류는 종중·문중묘지 설치허가 신청서, 종중·문중묘지 설치에 관한 종약(宗約) 또는 종중·문중의 의사임을 증명하는 서류, 실측도, 개별 분묘 및 묘지 소재지를 파악할 수 있는 위치도(약도) 또는 사진, 사용할 묘지 또는 토지가 종중·문중 소유임을 증명하는 서류 등이다.

종중 또는 문중별로 각각 1개소에 한정하여 설치할 수 있으며, 그 면적은 1,000$m^2$ 이하여야 한다. 분묘의 형태는 봉분 또는 평분으로 하되, 봉분의 높이는 지면으로부터 1m 이하, 평분의 높이는 50cm 이하여야 한다.

묘지는 지형·배수·토양 등을 고려하여 붕괴·침수의 우려가 없는 곳에 설치해야 한다. 석축과 인입도로의 계단 등은 붕괴의 우려가 없어야 하며, 허가면적 안에서 설치해야 한다. 묘지 중 분묘가 설치되지 않은 지역은 잔디·화초·수목 등으로 녹화해야 한다.

묘지의 점유면적은 분묘 1기 및 그 분묘의 상석·비석 등 시설물을 설치하는 구역의 면적이 10$m^2$(합장의 경우 15$m^2$)를 초과해서는 안 된다. 분묘 1기당 설치할 수 있는 시설물의 종류 및 크기는 다음과 같다.

- 비석 1개(높이는 지면으로부터 2m 이내, 표면적은 3m² 이하로 한다.)
- 상석 1개
- 그 밖의 석물은 1개 또는 1쌍(높이는 지면으로부터 2m 이내, 인물상은 설치할 수 없다.)

이들 시설물은 묘지, 봉안묘지 또는 봉안탑 외의 구역에 설치해서는 안 된다.

종중·문중묘지의 설치장소는 철도의 선로, 하천구역 또는 그 예정지역으로부터 300m 이상 떨어진 곳 그리고 20호 이상의 인가 밀집지역, 학교, 그 밖에 공중이 수시로 집합하는 시설 또는 장소로부터 500m 이상 떨어진 곳이어야 한다. 하지만 지방자치단체장이 인정하는 경우에는 예외가 가능하다.

● 법인묘지

일반적으로 '공원묘지'로 알려진 법인묘지는 전국적으로 170여 곳이 있다. 법인묘지의 위치, 전화번호, 사용료, 관리비에 대한 자세한 내용은 보건복지부에서 운영하는 e하늘장사정보 사이트 www.ehaneul.go.kr에서 확인할 수 있다.

이용 희망자는 전화 문의 후 묘지를 방문하여 상담 받으면 된다. 대개 자리 결정(일정 구역 내에서 선택 가능) → 사용계약 체결(계약금 일부 지불) → 석물 등 부대시설 주문 → 잔금 지불 및 안장(장례 당일) 등의 절차로 진행된다.

이용자는 두 종류의 비용을 지불해야 한다. 사용료(토지사용료, 묘지 조성비 및 이용 요금)와 관리비(잔디 조성비, 벌초 등 법인묘지의 사용과 직접적으로 관련된 사항의 비용)가 그것이다. 공원묘지의 30년 기준 유지비용은 대략 550만 원으로 공설묘지 180만 원의 3배 수준이다.

법인묘지 관리사무소는 관련 법령에 따라 사용료 및 관리비, 상석·비석 등 시설물 및 장례용품의 품목별 가격, 사용료 및 관리비의 반환 기준·방법 등 반환에 필요한 사항 등을 이용자가 보기 쉬운 곳에 게시하도록 되어 있다.

그리고 관리사무소는 게시한 사용료·관리비와 시설물·장례용품의 가격 외의 금품 수수, 시설물 또는 장례용품의 구매 또는 사용의 강요가 금지되어 있다.

이용자는 이 점들을 참고하면 장례비용 책정에 도움을 받을 수 있다.

## 국립묘지

대상자가 많지는 않지만 고인이 국가유공자 또는 그 배우자인 경우에는 국립묘지에 안장될 수 있다. 현재 국립묘지는 서울현충

원, 대전현충원, 4·19민주묘지, 3·15민주묘지, 5·18민주묘지, 국립호국원(5곳) 등 모두 10곳이다.

안장 대상자는 역사적 사건의 관련자를 제외하면 주로 3부 요인이나 군인, 경찰, 소방대원들 중 유공자 및 순직 공무원들이다. 국가나 사회에 현저하게 공헌한 사람도 대상자가 될 수 있다. 그리고 안장 대상자의 배우자도 본인이나 유족의 희망에 따라 합장될 수 있다.

그 대상은 안장 대상자의 사망 당시의 배우자이며, 배우자가 사망한 후에 안장 대상자가 재혼한 경우에는 종전의 배우자도 포함한다. 안장 대상자와 사별한 후 재혼한 배우자는 제외된다. 안장 대상자의 사망 당시에 사실혼 관계에 있던 사람은 안장대상 심의위원회의 결정에 따른다.

안장(위패봉안 제외)기간은 60년으로 하고, 60년이 지난 후에는 안장대상 심의위원회의 심의를 거쳐 영구안장 또는 위패봉안 여부를 결정한다. 안장기간은 사망일부터 기산하되 배우자를 합장하는 경우에는 나중에 사망한 사람을 기준으로 기산한다. 안장비용은 국가가 부담한다.

안장의 신청은 유족이나 관계기관의 장이 국가보훈처장이나 국방부장관에게 해야 한다. 안장은 국립묘지관리소장이 정하는 날짜와 의식절차에 따라 행하지만 유족이 요청하는 경우에는 조정할 수 있다.

# 11 화장

## 화장의 방법과 절차

화장은 고인의 사망 또는 태아의 사산으로부터 24시간이 지난 후가 아니면 하지 못한다. 이를 위반하면 1년 이하의 징역 또는 1,000만 원 이하의 벌금에 처해진다. 다만 다음의 경우에는 24시간 이내라도 화장이 허용된다.

- 임신 7개월이 되기 전에 죽은 태아
- 감염병으로 사망한 시신(지방자치단체장이 필요하다고 인정하는 경우만 해당)
- 뇌사 판정 후 장기 적출이 끝난 시신

화장하려면 사전에 관할 지방자치단체장에게 신고해야 한다. 신고하지 않으면 300만 원 이하의 과태료가 부과된다. 화장신고에 필요한 서류는 시신·유골 화장신고서(죽은 태아의 경우에는 죽은 태아 화장신고서), 사망진단서(시체검안서), 읍·면·동장의 확인서(죽은 태아의 경우는 제외) 등이다.

이후 화장은 대개 다음과 같은 절차로 진행한다.

화장시설로 운구 → 관리사무소에 접수 → 화장 → 분골(뼈를 가루로 만듦) → 유골 인수 → 안치장소로 이동.

화장은 반드시 지정된 화장시설을 이용해야 하며, 이를 위반하면 처벌 받는다. 다만 불교 사찰 경내에서의 다비의식, 화장시설이 없는 도서지역에서의 화장은 허용된다. 화장시설을 이용하기 위해서는 사전 예약을 해야 한다. 그리고 화장 시 관 속에는 화학합성섬유 등 환경오염 발생 물질이나, 화장로의 작동 오류나 폭발 위험의 원인이 되는 물질(휴대전화 등)을 넣어서는 안 된다.

화장시설은 전국 58곳 정도가 운영되고 있다. 전국 화장시설의 위치, 전화번호, 사용료 또는 관리비에 대한 자세한 내용은 보건복지부가 운영하는 e하늘장사정보 사이트 www.ehaneul.go.kr에서 확인할 수 있다. 사용 예약도 이 사이트에서 인터넷으로 할 수 있다.

서울, 부산, 경기도 등 일부 지역은 화장 희망자에 비해 화장시설이 부족하다. 따라서 이들 지역민은 다른 지역의 화장시설을 이용해야 하는 일이 생길 수 있으므로 미리 준비하는 것이 좋다.

화장시설 사용료는 고인·유족이 해당 지역민인 경우 평균 8만 5,000원, 해당 지역민이 아닌 곳은 평균 54만5,000원 선으로 지역민과 비지역민 사이에 차이가 매우 크다(2016년 10월 기준). 서울시가 운영하는 서울추모공원(서울시 서초구 소재)과 서울시립승화원(경기도 고양시 소재)의 경우, 사용료는 13세 이상 기준 서울·고양·파주시민은 12만 원, 기타 지역 주민은 100만 원이다.

따라서 희망자는 가까운 관내 화장시설을 이용하는 것이 좋다. 기초생활 수급자나 국가보훈 대상자는 사용료가 전액 면제되기도 한다.

화장한 유골은 봉안시설(납골시설)에 안치하거나 자연장을 거행한다. 봉안시설에는 봉안당, 봉안묘, 봉안탑, 봉안담 등이 있다. 자연장지에는 수목장, 잔디장, 화초장 등이 있다. 이 밖에 화장시설에 부설되어 있는 합동 안치시설(유택동산)에 분골을 뿌리거나 해양장(분골을 바다에 뿌리는 것) 등을 거행하기도 한다.

화장 후에는 화장장려금 신청을 잊지 말아야 한다. 화장을 장려하기 위해 전국의 많은 지자체들이 화장에 대한 장려금을 지급하고 있다. 그 액수는 지자체별로 천차만별이나 대개 수십만 원 수준이다.

신청 자격은 해당 지역에서 수개월 내지 1년 동안 거주한 사람으로 한정하고 있으며 신청 기한도 화장 후 1개월 내지 수개월이다. 따라서 미리 상세한 내용을 해당 지자체에 문의하는 것이 좋다.

## 봉안시설

일반적으로 '납골시설'로 알려진 봉안시설은 화장한 유골을 안치해 놓는 시설을 말한다.

형태에 따라 봉안당(건물 형태), 봉안묘(분묘 형태), 봉안탑(탑 형태), 봉안담(담 또는 벽 형태)으로 구분한다. 그리고 관리주체에 따라 지방자치단체가 운영하는 공설과 민간에서 운영하는 사설로 나눈다.

공설 봉안시설을 이용하려면 해당 지방자치단체장에게 신청해야 한다. 해당 지방자치단체의 담당부서(대개 어르신복지과)는 이용자격 등을 확인하여 허락 여부를 판단한다. 이 경우 대부분 사용기간을 제한(대부분 최장 30년)하고 있으며, 지역민이 아닌 사람에게는 높은 요금을 받고 있다. 전국적으로 139개 정도의 공설 봉안시설이 있다.

사설 봉안시설의 경우에 봉안묘는 법인묘지 내에 함께 설치되어 수도권 등 전국적으로 골고루 분포하고 있다. 사설 봉안당의 경우 종교단체 또는 재단법인이 운영하는 곳이 많아 자유롭게 이용할 수 있다.

그러나 사설은 공설에 비해 요금이 매우 비싼 편이며, 사용기간에 제한을 두지 않는 경우가 많다. 봉안당(납골당) 30년 사용을 기준으로 할 경우 공설은 평균 40만 원이 드나, 사설은 공설의 9배

정도인 평균 348만 원이 든다.

전국 봉안시설의 위치, 전화번호, 사용료 또는 관리비에 대한 자세한 내용은 보건복지부가 운영하는 e하늘장사정보 사이트 www.ehaneul.go.kr에서 확인할 수 있다.

개인 또는 가족이 직접 봉안시설을 설치하는 것도 가능하다. 이 경우 지방자치단체장에게 설치신고를 해야 한다.

설치신고에 필요한 서류(봉안당 제외)는 봉안시설(봉안묘·봉안탑·봉안담) 설치 신고서, 평면도, 봉안시설의 소재지를 파악할 수 있는 위치도(약도)나 사진, 사용할 봉안시설의 토지가 신고인의 소유임을 증명하는 서류 또는 토지소유자의 사용승낙서, 가족관계증명서(가족봉안시설만 해당) 등이다.

가족봉안당의 경우 실측도 및 구적도, 사용할 봉안당 건물 및 토지가 친족의 소유임을 증명하는 서류 또는 건물·토지소유자의 사용승낙서, 가족관계증명서 등을 함께 제출해야 한다.

개인·가족 봉안시설(봉안당 제외)의 설치는 1곳으로 제한되며 그 면적은 개인 $10m^2$ 이하, 가족의 경우 $30m^2$ 이하여야 한다. 봉안묘는 높이 70cm 이내, 바닥 면적 $2m^2$ 이내, 봉안탑은 높이 2m 이내, 바닥면적 $3m^2$ 이내여야 한다.

가족봉안당도 설치는 1곳으로 제한되며 연면적 $100m^2$ 이내여야 한다.

## 자연장

자연장이란 화장으로 생성된 분골을 수목·화초·잔디 등의 뿌리 밑이나 주변에 묻어 장사하는 것을 말한다. 묘지와 봉안시설의 증가, 대형화 추세로 인해 친환경적인 대안으로 비교적 최근에 도입되었다.

무위자연(無爲自然), 자연회귀(自然回歸)의 사상을 바탕으로 고인이 자연의 자양분이 되어 나무를 건강하게 성장시키고 아름다운 숲의 일부분이 됨으로써 후손들에게 도움이 되고자 하는 숭고한 뜻이 담겨 있다.

자연장은 그 대상에 따라 수목장, 화초장, 잔디장 등이 있다. 수목장에서 추모목은 소나무, 은행나무, 왕벚나무, 공작단풍 등 수종의 제한이 없다. 자연장은 화장 후 시행하는 것이므로 화장의 규정은 반드시 지켜야 한다.

자연장에서 유골은 묻기에 적합한 분골이어야 하며 분골, 흙, 용기 외에 유품 등을 함께 묻어서는 안 된다. 유골함은 지면으로부터 30cm 이상의 깊이에 묻되 용기는 법령에 정한 용기를 사용하여야 한다. 즉, 생화학적으로 분해가 가능한 용기이어야 하므로, 전분 등 천연소재로 만들어진 것이거나 수분에 의하여 형체가 허물어지는 것(굽지 않은 토기 등)이어야 한다.

용기를 사용하지 않을 경우 분골을 흙과 섞어서 묻는다.

자연장지는 산림청장·지방자치단체장 등이 조성한 공설과 민간에서 조성한 사설로 구분된다.

사설 자연장지는 운영주체에 따라 개인·가족 자연장지, 종중·문중 자연장지, 종교단체·법인 자연장지 등이 있다. 이 중 일반인이 사용 가능한 종교단체·법인 자연장지는 50곳 정도. 공설 자연장지도 현재 전국적으로 48곳 정도가 조성되어 있다.

이들 자연장지의 위치, 전화번호, 사용료 및 관리비에 대한 자세한 내용은 보건복지부가 운영하는 e하늘장사정보 사이트 www.ehaneul.go.kr에서 확인할 수 있다.

자연장지는 화장시설과 함께 조성되어 있기 때문에 공설 자연장지를 이용하려면 해당 시설을 관리하는 지방자치단체장 등에게 화장신고를 하면 된다. 가령 서울시립자연장지(경기도 파주시 소재)의 경우 서울시립승화원 접수실에서 화장 신청 시 자연장 신청을 함께 하면 된다. 다른 화장장을 이용하는 경우에는 서울시립승화원 접수실 또는 용미리묘지관리소에서 직접 신청하면 된다.

대부분의 공설 자연장지에서 안장은 접수번호와 관계없이 자연장 안장지에 도착하는 순서대로 한다. 그리고 추모 및 제례를 원하는 유족은 자연장지 내의 제례단을 이용할 수 있다. 하지만 자연장지 내 시설물 설치, 촛불·향불, 소란행위 등 장례절차에 방해되는 행위는 허용되지 않는다.

사용료는 공설과 사설의 격차가 매우 크다. 가령 서울시립자연장지의 사용료는 50만 원이며 기초생활 수급자나 국가보훈 대상자는 그 절반인 25만 원이다. 반면 사설인 종교단체·법인 자연장지의 경우 공설에 비해 사용료가 매우 비싼 편이며 최고 10배 이상인 곳도 있다.

최근에는 개인·가족 자연장지와 종중·문중 자연장지가 크게 늘어나고 있다. 개인·가족 자연장지는 2013년에 427개소로 2009년에 비해 5배 늘어났다. 종중·문중 자연장지는 2013년에 371개소로 2009년에 비해 7배 증가하였다.

개인·가족 자연장지는 면적이 $100m^2$ 미만으로 유골 1구를 자연장하거나 민법상 친족의 유골을 같은 구역 안에 자연장 할 수 있다. 종중·문중 자연장지는 면적이 $2,000m^2$ 이하여야 한다.

개인·가족 자연장지는 조성 후 30일 이내에 관할 지자체에 신고하여야 하며 종중·문중 자연장지는 사전에 신고하여야 한다. 자연장지를 조성하려면 사전에 조성 가능 여부를 관할 지자체에 확인하여야 한다. 그리고 자연장지에는 건축물이나 공작물의 설치가 금지된다.

## 제5부

# 영원한 이별

"죽음이란, 인간이 하나님에게로 가려면 밟지 않으면 안 될 길에 불과하다."
- 토마스 파넬 -

# 임종

## 미리 준비해야 할 것

● 영정사진

영정사진을 미리 준비해 두어야 한다. 영정사진을 보면 가족 입장에서 기분이 찝찝할 수 있고, 당사자가 싫어할 수도 있다. 그러나 이것이 상을 당했을 때 당황하는 것보다는 낫다.

당사자가 자신의 마음에 드는 영정사진을 미리 골라 놓는 것이 바람직하다. 그렇지 않을 경우 가족 입장에서 마음에 드는 사진, 가급적 밝은 모습의 사진 한 장을 정해 별도로 보관해 두면 된다. 당사자가 사망했을 때 그 사진을 장례업체에 주면 바로 영정사진을 만들어준다.

● 수의 및 관

수의와 관은 장례에 즈음하여 상조회사 또는 장례업체와 협의해 결정할 수 있다. 그러나 사전에 미리 준비하는 것이 만족도와 비용 면에서 현명한 방법이다.

윤달 또는 고인 생전에 수의를 준비하는 것은 고인의 무병장수를 바라는 효도선물의 의미를 갖는다. 수의는 유족에게 고인의 마지막 모습으로 각인된다는 측면에서 중요하다. 일제 잔재인 삼베 수의를 전통인양 잘못 알고 있는 사람들이 많은데, 비단 수의가 우리 전통 수의인 것으로 밝혀져 비단 수의가 삼베 수의를 대체하는 추세이다.

관도 화장, 매장, 자연장 등에 따라 차이가 있을 수 있으므로 사전에 미리 결정하는 것이 좋다. 일반적으로 화장 시에는 오동나무관, 매장 시에는 오동나무관, 솔송나무관, 향나무관 등을 많이 사용한다.

최근 '작은 장례문화' 운동에 따라, 수의는 전통 수의 대신 고인이 평소 즐겨 입던 양복을, 관도 오동나무관 대신 종이로 만든 관을 사용하기도 한다.

● 상조회사

미리 상조보험에 가입해 두거나 상조회사의 이용 정보를 파악해 두는 것도 좋다. 이전에는 초상이 나면 집안 어른들이 나서서 장례를 치렀지만 요즘은 상조회사를 이용하는 경우가 많다. 초상이 났을 때 상조회사에 연락하면 상조회사의 직원이 장례 절차의 대부분을 처리해주거나 도움을 준다.

하지만 영세 상조회사들의 난립에 따른 여러 부작용이 잇따르고 있으므로 소비자의 시각에서 적합한 상조회사를 잘 선택해야 한다. 장례를 잘 치르려다가 오히려 곤욕을 치를 수 있음에 주의해야 한다. 또 상조회사를 이용하면 전체적으로 장례비용이 수십만 원 이상 증가할 수 있음에도 유의해야 한다.

유족은 상조회사나 상조보험이 제공하는 서비스의 범위를 명확히 알고 있어야 한다. 대부분의 경우 상조보험에 가입해도 장례식장 이용료는 별도로 장례식장에, 발인 이후 봉안시설에 모시는 비용 또한 해당 시설에 별도로 지불해야 한다.

● 장례식장

이용할 장례식장을 미리 결정해 놓는 것이 좋다. 가급적 집 근처 편리한 곳 또는 고인이 입원한 병원의 장례식장을 선택해 미리 전화번호와 가격, 적당한 크기의 호실 여부 등을 파악해 놓은 것이 좋다. 고인이 사망하면 선택한 장례식장에 연락해 장의차를 보내달라고 하면 된다.

해당 지방자치단체가 운영하는 장례식장이 있는지를 알아두는 것도 현명하다. 이 경우 지역민은 저렴한 가격으로 이 장례식장을 이용할 수 있다. 해당 지자체가 운영하는 장례식장은 지역민에게는 싼 가격을 받고 지역민이 아닌 경우에는 약 2배의 비용을 받는다.

상조회사를 이용하지 않는 유족은 장례식장에서 근무하는 장례지도사의 도움을 받으면 된다. 미리 장례 준비를 하지 못했거나 장례에 관한 지식이 부족한 유족은 장례지도사의 도움을 받으면 무난하게 장례를 진행할 수 있다.

● 총무 섭외

장례에서 각별한 도움을 받을 수 있는 사람을 한두 명 미리 선정해 이들의 허락을 받아 놓는 것도 필요하다. 장례 도중에 유족은 황망한 상태이므로 3일장 동안 헌신적으로 장례를 도와줄 수 있는 사람이 반드시 필요하다. 이들을 총무(호상)로 지정해 장례 도중 발생하는 각종 지출과 관리 등을 맡기면 된다.

● 부고 연락처

부고를 전할 연락처를 별도로 정리해 두는 것도 필요하다. 상을 당해 급하게 연락하다 보면 꼭 연락해야 할 사람에게 부고를 빠뜨리는 경우가 종종 발생한다. 따라서 친척, 동창, 단체 등 그룹별로 연락처를 정리해 놓으면 좋다. 고인과 관련한 지인들의 대표 연락처 및 목록도 정리해 놓아야 한다.

신문의 부고 난을 이용하고자 하는 경우에는 장례식장과 협의하면 장례식장이 알아서 처리해 준다. 아니면 유족측이 해당 신문사의 부고 담당자에게 직접 연락하면 된다.

● 상복 및 유족 준비물

현대식 상복은 남자의 경우 검정색 정장에 흰색 와이셔츠(줄무늬 없음)와 검정색 넥타이, 여자는 검정색 치마저고리(흰색도 많이 입는다) 차림이다. 상복을 미처 준비하지 못한 경우에는 장례식장에서 대여받을 수 있다. 하지만 미리 준비하면 상복 대여비를 절감할 수 있다.

장례기간 동안 유족이 갈아입을 속옷, 여벌의 옷, 검정색 양말, 세면도구, 수건, 손수건 등도 준비해야 한다. 그리고 휴대폰 및 보조 배터리와 충전기, 필요한 경우에는 노트북 PC 등도 준비하는 것이 좋겠다.

● 현금

장례기간 동안 운구, 영정사진 준비 등으로 지출이 발생한다. 이때 유족의 다급한 사정을 악용해 현금을 요구하는 업체가 있다. 장례 2일차 정도가 되면 모인 조의금으로 그 돈을 충당할 수 있겠지만 그 전에 현금이 필요할 수 있으므로 유족 중 누군가가 혹은 유족들이 분담해서 현금 50만~100만 원 정도는 준비하는 것이 안전하다.

## 죽음 전에 나타나는 현상들

여러 전문가들의 견해에 따르면, 죽음을 앞둔 사람들 중 일부는 수개월 전 혹은 그 훨씬 전부터 자신의 죽음을 예감한 듯한 행동을 한다.

대표적인 행동 중 한 가지는 그 동안 찾지 않았던 곳을 찾아가는 것이다. 마음에 담을 쌓고 살던 누군가를 찾아가 화해하거나, 가장 가기 싫어하던 친척집을 찾아가는 것 등이 그런 예이다.

자신이 가장 아끼는 것을 주위사람들에게 나누어 주거나, 마치 멀리 떠날 사람처럼 아쉬움에 간혹 먼 곳을 멍하니 응시하는 경우도 있다. 자녀들에게 "나 없으면…."이라는 말을 자주 반복하기도 한다.

그 동안의 삶에 대한 후회를 털어놓기도 한다. 가장 흔한 후회는 "내가 살고 싶은 삶보다 주위 사람들이 원하는 삶을 살았다." "그렇게 악착 같이 일하기보다 가족과 더 많은 시간을 보냈어야 했는데…." "왜 내 감정을 솔직하게 표현하지 못하고 꾹꾹 누르며 살았을까." 등이다.

전문가들은 죽음을 맞는 사람들의 보편적인 심리를 5단계로 나누어 설명하기도 한다. 특히 갑작스럽게 암 등 불치병 진단을 받은 사람들에서 이러한 심리적 경향이 강하게 나타난다.

1단계는 충격과 부정이다. 죽음이 코앞에 왔다는 것을 알았을 때 충격을 받고 그 사실을 믿지 않으려고 한다. 진단 과정이나 그 외에 뭔가가 잘못되었다고 생각하는 경우가 많다.

2단계는 분노이다. '왜 내가 죽어야 하나?'라는 반응을 보인다. 하느님을 원망하고 운명을 저주하며 가족, 친구, 병원 등 주위 사람들에게 화를 낸다.

3단계는 타협이다. 운명과 타협하려고 하고 의사, 가족 등과 타협하려고 한다. '어떻게 하면 죽지 않을까?'를 고민하며 마음속으로 다짐과 약속을 한다.

4단계는 우울이다. 타협으로 죽음을 막을 수 없다는 것에 우울해 하고 위축되며 자살도 고려한다.

5단계는 수용이다. 죽음을 피할 수 없음을 알고 받아들이며 용기 있게 죽음과 사후의 일에 대해 이야기한다. 이때 신앙이 큰 힘이 된다.

## 임종 직전 신체 증상

경험자들의 증언에 따르면, 죽음이 가까워진 사람은 구체적인 신체 증상을 보인다. 이 같은 신체 증상은 개인별로 천차만별이며 반드시 제시된 시간에 순차적으로 나타나는 것도 아니다.

● 임종 4주 전부터

시력 기능 저하로 인하여 "눈이 잘 안 보인다." "눈앞이 뿌옇다."라고 호소하는 경우가 있다. 목소리가 작아져 중얼거리거나 속삭이는 양상을 보이기도 한다. 침이나 콧물을 질질 흘리기도 한다. 식사를 제대로 하지 못하고 물도 조금만 삼킨다. 발이 붓기 시작한다. 눈이 노래지면서 그 범위가 몸으로 퍼진다. 피부에 붉그스름한 동전 크기의 소위 '죽음꽃'이 핀다.

● 임종 2주 전부터

거동이 어려워지고 식사, 배설 등을 제대로 하지 못하는 경우가 있다. 잠자는 시간이 많아지고 의식이 희미해지거나 악몽을 꾸기도 한다. 수족이 뒤틀리는 증상이 나타나기도 한다. 몸은 말라도 발등이 부어오르기도 한다. 딸꾹질을 자주 하고 머리를 자주 쓸어 올린다. 소변량이 급격히 감소하거나 각혈을 한다. 부쩍 화를 잘 내고 억지를 부리거나 자꾸만 누군가를 보고 싶다고 한다. 혼자 중얼거리거나 소중한 사람들의 이름을 부른다.

● 임종이 매우 임박한 때

다음과 같은 증상을 보이면 2~3일 내에 혹은 그보다 더 빨리 임종할 수 있다.

- 건강상태가 눈에 띄게 좋아졌다가 갑자기 악화된다.
- 호흡정지가 40~50초씩 이어지거나 매우 괴로운 듯 숨이 거칠어진다.
- 관자놀이가 움푹 꺼진다.
- 손발의 색깔이 푸른색으로 변하거나 차가워진다.
- 손목 맥박이 점차 가늘어지고 약해진다.
- 목에서 가래 끓는 소리를 낸다.
- 소변량이 줄어들고 대변을 지린다.
- 아래턱을 상하로 크게 움직이며 '턱호흡'을 한다.
- 숨 쉴 때 입에서 심한 냄새가 난다.
- 동공이 크게 열려 까만 눈동자가 크게 보이고 초점을 잘 맞추지 못한다.
- 귀가 뒤쪽으로 바짝 젖히거나 귓불이 뒤로 말린다.
- 혀가 마르고 굳으면서 동그랗게 말린다.
- 등뼈의 곡선이 없어지면서 허리가 바닥에 착 달라붙는다.

## 어떻게 임종에 대처할까

　유족은 먼저 임종자의 심리를 이해해 이들이 편안한 내면 상태로 죽음을 맞을 수 있도록 도와주어야 한다.

　여러 연구들에 따르면, 임종자는 대체로 신뢰할 수 있는 가족이나 친구와 함께 있기를 원하며, 자신이 처한 현재의 고통에서 벗어나길 원한다. 자신의 상태에 대해 진실을 알고 싶어 하며, 자신의 문제를 스스로 결정할 수 있기를 원한다. 또 일생을 돌이켜 보고 정리하려고 하며, 사후세계에 대해 알고 싶어 한다.

　따라서 유족들은 임종자의 이 같은 심리상태를 이해하고 그를 지지해 주는 것이 좋다. 임종자의 말을 들어주고 임종자에게 위로의 말을 하거나 위안이 되는 대화를 나누는 것이 좋다.

　임종자는 심신 미약으로 비록 말을 할 수 없어도 주위의 말을 들을 수 있기 때문에 위로의 말이나 애정 표현을 인식할 수는 있다고 한다. 따라서 평상시처럼 따뜻하게 임종자를 대해 주는 것이 필요하다. 따뜻한 말뿐 아니라 만져주고 껴안아 주는 스킨십도 큰 위안이 된다고 한다.

　방안도 간접조명을 하고 임종자의 얼굴을 밝은 쪽으로 돌려주는 것이 안정감을 주는 데 도움이 될 수 있다.

　임종자가 음식을 제대로 먹지 못해도 음식을 강요하는 행위는 삼가야 한다. 이 단계에서 임종자의 식욕부진은 정상적인 현상이며 강요된 음식 공급은 삶의 연장에 아무런 도움이 되지 않고 오히려 해가 될 수 있다.

음식 공급이 중단되어도 임종자는 고통을 받지 않는다. 오히려 엔돌핀 분비를 촉진시키고 통증 감소를 가져오기 때문에 임종자를 보호하는 효과가 있다. 다만 약간의 얼음조각이나 물, 주스 같은 음료는 기분을 상쾌하게 해 줄 수 있고 구역질을 최소화하는 데 도움이 될 수 있다.

또 유족들은 임종의 전조증상에 대해 조바심을 자제해야 한다. 임종 단계에서 임종자가 호흡을 힘들어 한다고 해서 산소공급기를 부착하거나, 못 먹는다고 해서 링거를 꽂아주는 것, 가래 끓는 소리를 낸다고 해서 가래를 뽑아주는 행위 등은 임종자에게 아무런 도움이 되지 못하므로 이런 처치를 의사에게 요구해서는 안 된다.

이는 인체의 모든 기관들이 기능을 다함으로써 일어나는 죽음의 자연스러운 현상이라는 것이다.

임종자가 눈을 뜬 채로 혹은 입을 벌린 채로 임종하면 유족은 임종자의 눈과 입을 닫아 주어야 한다. 임종자의 거의 대부분은 눈을 뜬 채 사망한다. 그런데 시체가 강직 상태에 이르면 입을 닫는 것이 힘들다.

## 죽음 1초 전의 체험

이 세상을 떠나는 사람들은 마지막으로 어떤 체험을 할까. 이 죽음의 순간을 이해하면 유족들도 영원한 이별의 슬픔을 조금은 덜 수 있을 것이다.

이에 대해 많은 임사체험 전문가들이 죽음에 이르렀다가 다시 살아난 사람들의 증언을 토대로 죽음 직전에 나타나는 현상들에 대해 연구·발표했다. 이런 연구들은 과학적으로 입증된 내용은 아니지만 유족들이 가족의 죽음을 받아들이는 데에는 도움이 된다.

죽음 직전 임종자들이 체험하는 것은 대체로 다음과 같다고 한다.

- 의사가 자신의 사망을 선고하는 것을 듣는다.
- 의식(영혼)이 육신에서 이탈하는 현상을 체험한다.
- 감각이 예민해져 평생 느껴보지 못한 엄청난 시력과 청력을 갖게 된다.
- 한번도 느껴보지 못한 편안함을 느끼고 어딘가에 떠있는 듯한 기분이 든다.
- 검은 터널 안으로 빨려 들어가는 느낌이 든다.
- 밝은 빛이 번쩍이는 것을 보거나 음악 비슷한 미묘한 멜로디가 귀에 울려 퍼진다.

- 죽은 사람이나 천사, 저승사자 등 신비한 존재를 만난다.
- 시간과 공간의 개념이 달라진다.
- 자신이 경험했던 일들이 시간 순서대로 주마등처럼 떠오른다.
- 아무리 말을 해도 다른 사람들이 듣지 못하고 다른 사람들과 교류가 안 된다는 생각이 든다.

### 심폐사, 뇌사, 안락사

사람이 죽는다는 것은 정확히 무엇을 의미할까?

통상적으로 사망은 호흡 및 혈액순환이 영구적으로 멈추는 것, 즉 심장과 폐의 기능이 완전히 정지한 상태를 의미한다. 이른바 심폐사이다. 이런 경우 당연히 뇌 기능도 함께 정지한다. 법적으로 사망은 심폐사이며 99% 이상의 죽음이 이에 해당한다.

그런데 매우 드물지만 뇌와 폐 기능이 영구히 정지했음에도 심장 박동이 유지되는 특이한 경우가 있다. 이른바 뇌사이다. 이럴 때 뇌사자에게 인공호흡기를 부착하면 호흡이 유지되고, 심장 박동도 상당 기간(보통 2주) 유지할 수 있다. 하지만 인공호흡기를 부착해도 뇌사자의 뇌가 다시 살아나는 일은 없다.

뇌사는 현행법상 사망이 아니지만 뇌사자가 다시 살아날 확률은 0%이다. 그래서 현행법도 장기이식을 위한 뇌사 판정은 예외적으로 사망으로 인정한다. 이때에도 사망시점은 뇌사나 뇌사의 판정 시점이 아니라 호흡과 심장이 정지한 때로 본다. 만약 뇌사자나 그 가족이 장기이식을 원치 않으면, 뇌사자는 최종적으로 심폐사에 이를 때까지 계속 살아 있는 것이 된다.

외형상 뇌사와 비슷해 보이는 것이 식물인간이다. 식물인간은 뇌의 일부분인 대뇌의 손상으로 의식과 운동 기능을 상실했을 뿐 호흡·소화·흡수·순환 등 생명활동의 핵심 기능을 유지하는 상태이다. 따라서 뇌의 모든 기능이 정지한 뇌사와는 전적으로 다르며, 죽음이 아니다.

식물인간은 회복하는 경우가 종종 있다. 드물게 수년 혹은 10여 년 이상 된 식물인간이 회복하는 사례도 있다. 하지만 의사들은 식물인간으로 1~3개월 이상 경과하면 회복하기 어렵다고 간주한다.

이 때문에 가족이 사고를 당해 식물인간이 되면 언제까지 연명치료를 계속해야 하는가 하는 문제를 놓고 심각한 고민에 빠지게 된다. 웬만해서는 의료비와 간병 부담을 감당하기 힘들기 때문이다.

하지만 식물인간에 대한 연명치료를 함부로 중단하는 것은 살인죄에 해당한다. 1997년의 '보라매병원 사건'에서처럼, 실제로 환자 가족과 의사가 살인죄로 처벌 받은 사례도 있다.

현재는 뇌사 및 식물인간 상태의 환자에게 어떤 의학적 조치를 취하지 않거나 인공호흡기 등을 제거하는 '소극적 안락사'는 제한적으로 허용된다. 그러나 약물 투여 등으로 인위적으로 생명을 중단시키는 '적극적 안락사'는 허용되지 않는다.

2009년 대법원이 연명치료 중단(소극적 안락사)을 허용하는 최초의 판결을 내렸기 때문이다. 이 판결을 계기로 약칭 연명의료결정법(이른바 웰다잉법)이 제정됐으며, 이 법은 2018년 2월 시행에 들어간다.

이 법령에 따르면, 연명치료 중단을 위해서는 환자가 사전에 연명치료를 원치 않음을 명확히 밝혀 두어야 한다. 환자의 연명치료 중단 의사를 추정할 수 있는 경우에는 가족 2명 이상이 일치된 의견을 내면 의사 2명의 확인을 거쳐 연명치료를 중단한다. 연명치료 중단 의사를 추정할 수 없다면 가족 전원의 합의와 의사 2명의 확인 절차를 거쳐야 한다.

중단할 수 있는 연명치료는 심폐소생술, 혈액투석, 항암제 투여, 인공호흡기 착용처럼 사망시점만 지연시키는 의료행위이다. 이 경우에도 통증완화를 위한 의료행위, 영양분·물·산소 공급은 계속하여야 한다.

이런 일이 발생하는 경우는 매우 드물다. 하지만 만약 가족이 뇌사나 식물인간 상태에 빠진다면, 가족들은 서로 간 그리고 의사와의 협의를 거쳐 소극적 안락사 시행 여부를 신중하게 검토할 수 있다.

# 13
# 사망 유형별 대처법

## 병원에서의 사망

한국인이 가장 흔하게 사망하는 장소는 병원이다. 국민건강보험공단 등의 자료에 의하면 한국인의 57%는 자택에서 죽음을 맞기를 원하지만, 실제로는 10명 중 7명이 의료기관에서 사망한다고 한다.

병원에서 사망하는 사람은 대부분 자연사이거나 통상의 병사이다. 이런 경우 병원이 자연스럽게 사망진단서를 발급해주므로, 유족은 장례식장이나 상조회사 등에 연락해 바로 장례절차에 들어가면 된다.

병원에서 사망해도 자연사나 통상의 병사가 아닌 경우(변사)에는 경찰 조사를 받아야 한다. 의료사고로 인한 사망 등이 이에 해당할 수 있다.

### 집에서의 사망

가족이 집에서 자연사(병사)하면 먼저 119에 신고해 시신을 병원으로 옮기는 것이 좋다. 고인이 사망에 임박했을 때 119에 신고해 병원에서 임종을 맞는 경우도 흔하다.

그러면 응급실 당직의사가 시신을 검안한 후 별다른 이상이 없다고 판단하면 사망진단서(또는 시체검안서)를 발급해 준다. 유족은 이때부터 상조회사나 장례식장에 연락해 장례 절차를 진행하면 된다.

고인의 사망 후 바로 장례식장에 연락하면 장례식장에서 시신 이송을 위한 장의차를 보내준다. 이 경우 장례식장과 연계된 검안의사를 초빙해 사망진단서(시체검안서)를 발부받을 수 있다. 물론 검안의사의 출장 비용이 발생한다.

만약 검안의사가 변사라고 판단하면 병원이나 검안의사가 경찰에 연락하므로 변사 처리가 끝난 뒤 장례 절차를 시작할 수 있다.

## 요양기관에서의 사망

통계에 따르면 요양병원이나 요양원 등 요양기관에서 사망하는 노인들이 빠르게 늘어나, 최근에는 그 수가 전체 노인 사망자의 19%에 이르는 것으로 파악되고 있다.

요양기관은 요양 중인 노인이나 환자가 위독해지면 보호자에게 긴급한 연락을 취하므로, 유족은 임종을 함께 할 수도 있다. 하지만 유족이 함께 생활하는 것이 아니어서 임종을 놓치는 경우가 빈발한다.

이런 경우 의사가 상주하는 요양병원은 자체적으로 사망진단서(시체검안서)를 발급한다. 유족은 이때부터 상조회사나 장례식장에 연락해 장례 절차를 진행하면 된다. 필요한 경우 요양병원과 협력 관계에 있는 장례식장을 이용할 수 있다.

의사가 상주하지 않는 요양원의 경우 가족이 동의하면 시신을 인근 병원 응급실이나 장례식장으로 이송해, 가족 대신 사망진단서(시체검안서)를 발급받아 준다. 유족은 이에 따라 장례 절차를 진행하는 것이 가능하다.

만약 고인이 자연사(병사)가 아니라 사고 등으로 사망한 경우라면, 보호·감독 의무를 소홀히 한 요양기관에 손해배상이나 위자료 등을 청구할 수 있다. 이런 경우에는 시체검안서 등 관련 자료를 철저히 챙겨두어야 한다.

## 자연사가 아닌 경우

고인이 자연사(병사)가 아닌 경우 즉, 사고사나 자살, 타살인 경우에는 변사자로 분류된다. 이런 경우 유족 등 시신 발견자는 함부로 시신을 옮기거나 훼손하지 말고 현장을 보존한 뒤 경찰에 신고해야 한다.

경찰은 시신과 현장을 조사한 뒤 검안의사의 시체검안서가 나오면 관계자 진술조서, 시신 사진 등을 첨부한 관련 서류를 검찰로 넘긴다. 이때 시신 검안 비용은 경찰규정상 경찰이 부담하게 되어 있으므로, 유족은 이 비용을 부담할 필요가 없다. 그럼에도 일부 검안의사의 경우 이런 규정을 잘 모르는 유족에게 25만 원 상당의 검안 비용을 요구하는 일이 있어 문제점으로 지적되고 있다.

사인이 명확하지 않을 때 담당 검사는 직접 시체를 검안하기 위해 나오기도 한다. 경우에 따라서 검사는 판사로부터 부검영장을 발부받아 시체를 국립과학수사연구소나 인근 의료기관으로 보내 부검하기도 한다.

이렇게 모든 절차가 끝나면 검사는 시신을 유족에게 인도하라는 검사지휘서를 발급한다. 유족은 이 지휘서를 받아야 입관 절차에 들어갈 수 있다. 그러므로 검사지휘서가 나오기 전까지는 시신을 그대로 보존해야 한다.

# 사망진단서와 시체검안서

사망진단서와 시체검안서(사체검안서)는 의학적으로 고인의 사망 사실을 증명하는 서류라는 점에서 차이가 없다. 의사, 치과의사, 한의사가 발부하며 다만 양자 간 발급하는 경우가 서로 다를

◇ **사망진단서(시체검안서) 서식**

뿐이다.

사망진단서는 대개 사망원인이 자연사인 경우에 발급받을 수 있다. 의사의 진료 도중에 환자가 자연사(병사)한 경우 또는 의사가 마지막으로 진료한 시간이 48시간을 경과하지 않은 경우에 담당 의사가 교부한다.

그렇지 않고 의사 본인이 진료한 적이 없거나, 진료한 적이 있지만 진료하던 질환이 아닌 원인으로 사망한 경우 또는 의사가 환자를 마지막으로 진료한 지 48시간이 경과한 경우에는 시체검안서를 발급한다. 이 밖에 사망원인이 질병이 아닌 때에도 시체검안서가 발부된다.

사망진단서와 시체검안서의 발급 비용은 대부분 1만 원 정도이다. 그러나 병원에 따라 5만 원에서 10만 원에 이르기까지 비싸게 받는 곳도 있다. 사망진단서(시체검안서)는 장례식장, 화장장, 금융기관, 행정기관 등 원본으로 제출할 곳이 많으므로 보통 10부 정도로 넉넉하게 발급받는 것이 좋다.


해외에서의 사망

관광, 출장, 해외근무, 유학 등으로 해외 방문객이 급증하면서 외국에서의 예상치 못한 사망은 이제 드문 일이 아니다. 외국에서 사고나 범죄로 사망하거나 병으로 급사하는 경우이다.

이런 경우 동행인이나 유족은 24시간 연중무휴인 외교부 영사콜센터의 도움을 받을 수 있다. 영사콜센터의 전화번호는 02-3210-0404이다. 해외에서는 [현지 국제전화 접속 번호+82-2-3210-0404(유료)] 또는 [현지 국제전화 접속 번호+800-2100-0404(무료)]로 영사콜센터와 접속할 수 있다. 유족은 외교부에 연락을 취해 여권과 해당국 비자를 신속히 발급받아 현지로 출국할 수 있다.

현지에서 동행인이나 유족은 현지 재외공관에 사망자의 성명, 사망 일시, 사망 장소 및 유해 안치 장소, 사망 원인, 사망자의 한국 주소, 본적, 유족의 성명과 주소, 사망자의 여권번호 및 발급일 등을 신고한다. 여행 주관회사가 있는 경우에는 이 회사가 이 같은 상황을 보고한다.

그리고 현지 재외공관의 안내를 받아 현지 병원에서 의사의 사망진단서를, 현지 경찰로부터는 검사진단서 및 경찰 사망증명서 등 필요한 서류를 발급받는다.

시신을 국내로 운구하고자 할 경우 현지에서 발급받은 사망진단서, 장의업자의 방부처리증명서, 현지 재외공관의 영사확인서, 현지 사법기관의 지휘서(사고사일 경우) 등을 구비해 항공사에 특수화물 처리를 신청해야 한다.

특히 중동이나 유럽 등 화장 제도가 없는 나라에서는 시신을 국내로 운구해야 한다. 운구에 소요되는 기간은 나라마다 조금씩 다르나, 대개 5~10일 정도이다. 이 경우 냉동관 등 특수 장비를 사용해야 하므로 많은 비용이 든다는 점을 명심해야 한다.

국내에서 시신을 인수하기 위해서는 먼저 관련서류를 국립검역소에 제출하고 검역증을 발급받아야 한다. 이어 관련서류를 세관에 제출한 후 해당 항공사의 화물터미널에서 시신을 인수한다.

이후 국내 사법당국의 확인절차를 거쳐야 한다. 국내 사법당국의 최종 승인이 떨어지면 유족은 시신을 장례식장으로 옮겨 장례식을 치를 수 있다.

시신을 현지에서 화장한 후 국내로 들여올 경우 절차가 간소하고 비용도 적게 든다. 보통은 엄청난 시신 운구 비용 때문에 화장 후 분골 상태로 유골함에 넣어 국내로 반입한다.

이 경우 현지 장례업자를 통해 화장한 후 화장증명서, 현지에서 발급받은 사망진단서, 현지 재외공관의 영사확인서, 현지 사법기관의 지휘서(사고사일 경우) 등을 구비해 비행기에 탑승하여야 한다.

유골함은 일반 여행용 가방처럼 기내 반입도 가능하나, 통관을 간편하게 하기 위해 미리 항공사에 문의·신고한 후 운반하는 것이 좋다.

제6부

# 좋은 장례 치르기

"이별의 시간이 왔다. 우리는 각자 자신의 길을 간다.
나는 죽고, 너는 산다. 어느 것이 더 좋은지는 신만이 안다."

- 플라톤 -

## 14

# 장례비용

### 얼마나 드나 ―

장례를 치르다 보면 장례비용은 유족에게 큰 부담이다. 으레 '가시는 분 앞에서 돈을 따지는 것은 불효'라는 생각에, 유족은 장례비용을 가볍게 생각하거나 애써 외면하기 쉽다. 그러다가 장례 후 예상치 못한 높은 비용 청구서에 속으로 끙끙 앓기 십상이다.

장례비용은 생각보다 많이 들기 때문에 미리 계획을 세워야 나중에 당황하지 않는다. 사전 준비를 많이 할수록 장례의 품격을 높이고 더 좋은 장례식을 치를 수 있다. 유족은 "고인에게 할 수 있는 마지막 효도"라는 장례업자들의 감성 자극에 현혹되어서는 안 된다.

실제로 장례비용은 얼마나 될까?

한국소비자원이 2014년 1월~2015년 3월 1년여에 걸쳐 전국의 장례 경험자 630명을 대상으로 조사한 결과에 따르면, 장례식장에서 장묘(매장·화장)까지 소요된 총 장례비용은 평균 1,381만 원이었다. 이 수치는 주로 2014년 당시를 기준으로 한 것이므로 현 시점에서 장례비용은 더 늘어날 수밖에 없다.

◇ 평균 장례비용 실태(한국소비자원 조사)  (단위: 만원)

| 구분 | 총 장례비용 | 장례식장 비용 | 장묘 비용 |
|---|---|---|---|
| 전체 이용자(n=630) | 1,380.8 | 1,013.8 | 367.0 |
| 화장 이용자(n=485) | 1,327.6 | 989 | 338.6 |
| 매장 이용자(n=145) | 1,558.0 | 1,096 | 462.0 |

※조사기간: 2014년 1월~2015년 3월

장례 형태는 유족의 경제사정과 가치관에 따라 천차만별이므로 장례비용 또한 큰 차이를 보일 수밖에 없다. 1,381만 원은 평균치이므로 장례를 얼마나 검소하게, 얼마나 화려하게 치르느냐에 따라 그 비용 격차는 10배 이상 난다. 따라서 장례비용은 웬만한 유족 입장에서 부담이 아닐 수 없다.

한국소비자원의 같은 조사 결과에 따르면, 화장은 1,328만 원, 매장은 1,558만 원으로 화장이 매장보다 약 230만 원 저렴했다. 순전히 장묘(매장·화장)에 드는 비용만 따져보면 화장은 339만 원,

매장 462만 원으로 화장이 매장보다 약 120만 원 저렴했다. 장례식장(상조회사 서비스 포함) 비용은 평균 1,014만 원이었다.

장례비용은 크게 장례식장 비용, 상조회사 비용, 장묘 비용, 기타 비용으로 구성된다. 상조회사 서비스를 이용하지 않는 경우에는 상조회사 비용이 장례식장 비용에 포함된다고 보면 된다.

[장례비용] = 장례식장 비용 + 상조회사 비용 + 장묘 비용 + 기타 비용

장례식장 비용에는 조문객 식음료비, 접객실·안치실·발인장 이용료, 폐기물 처리비 등이 포함된다.

상조회사 비용에는 장의용품(수의·관·관보·유골함·입관용품) 구입비, 염습비, 상복 대여비, 차량(장의차·리무진·버스) 이용료, 제단 꽃 구입비 등이 포함된다.

장묘 비용에는 묘지나 봉안시설(화장)의 사용료, 화장비 등이 있다.

기타 비용에는 영정사진 제작비, 일회용품(그릇·식기 등) 구입비, 기본 제물·발인제사상 비용, 성복제 비용, 접객도우미 인건비 등이 있다.

일례로 고인을 화장하면서 총 1,294만 원의 장례비용을 지출한 어느 유족의 지출 내역은 다음 표와 같다. 조문객 수는 약 300명이

었다. 표에서 알 수 있듯이 액수가 큰 지출은 조문객 식음료비, 봉안당(납골당) 분양비, 장의용품(수의, 관 등) 구입비 등이다.

◇ **장례비용 지출 내역 사례**

- 장례식장 비용 590만 원
  (조문객 식음료비 500만 원, 접객실·안치실·발인장 이용료 85만 원, 폐기물 처리비 5만 원)
- 상조회사 비용 290만 원
  (장의용품 구입비 192만 원, 염습비 30만 원, 차량 이용료 53만 원, 직원 봉사료 15만 원)
- 장묘 비용 396만 원
  (봉안단 분양비 386만 원, 화장비 10만 원)
- 기타 비용 18만 원
  (영정사진 제작비 8만 원, 접객 도우미 인건비 10만 원)
- 합계: 1,294만 원

## 장례비용 줄이는 법

● 작은 장례식

장례비용을 줄이는 가장 효과적인 방법은 '작은 장례식'을 하는 것이다. 즉, 장례를 최소 규모에서 꼭 필요한 물품을 최저 비용으로 구매하여 치르는 것이다. 대표적인 사례가 서울시 서대문구청이 추진하고 있는 '작은 장례문화' 운동이다. 예를 들면 이 운동에 참여한 한 유족은 전통 수의 대신 고인이 평소 즐겨 입던 양복을 수의로, 오동나무관 대신 종이로 만든 관을 사용하였다. 이 운동에 참여하면 평균 장례비용의 약 45% 수준인 600여만 원에 장례를 치를 수 있다.

● 무료상조 서비스

지역에 따라 무료상조 봉사활동을 하는 곳이 있으므로 해당 지역민은 이 서비스를 이용하면 큰 도움을 받을 수 있다. 대표적으로 나눔코리아 대구시지회는 2017년 4월 '나눔장례의전 봉사단'을 조직해 대구·경북 지역민을 대상으로 무료상조·장례서비스(전화 1544-2805)를 제공한다. 보통 240만 원을 상조회사에 지불해야 받을 수 있는 상조서비스를 무료로 제공한다고 한다.

● 매장보다 화장

화장은 작은 비용으로 간소하게 장례를 치를 수 있는 것이 장점이다. 앞서 언급한 한국소비자원의 2014~2015년 조사 결과에서도 화장은 매장보다 평균 230만 원이 절감되는 것으로 확인되었다(111쪽 참조). 또 화장을 장려하기 위해 화장 장려금을 지급하는 지방자치단체도 많다.

● 지자체 시설 이용

지방자치단체에서 운영하는 장례식장과 화장장을 이용하는 것이 장례비용을 줄이는 방법이다. 지자체는 자기 지역민에게는 저렴한 비용을 받는 반면 타 지역민에게는 최소 2배 이상의 이용료를 받는 것이 일반적이다.

● 사설보다 공설

장례비용을 줄이기 위해서는 사설보다는 공설 장묘시설을 이용해야 한다. 매장의 경우 공설묘지를 이용하면 30년 기준 유지비용은 대략 180만 원으로 사설(공원)묘지 550만 원의 1/3 수준이다. 화장의 경우에는 그 격차가 더 현격해진다. 봉안당(납골당) 30년 사용을 기준으로 할 경우 공설은 평균 40만 원이 드나, 사설은 공설의 9배 정도인 평균 348만 원이 든다.

● 기독교식 장례

기독교식은 영정 앞에 국화를 둘 뿐 제단에 음식을 차리지 않는다. 따라서 때마다 음식을 올릴 필요가 없고 향이나 기타 장례용품이 들지 않는다. 또 조문객은 기독교식 빈소에서는 술을 잘 마시지 않게 되므로 술값, 식음료비가 절감된다. 고인이 다른 종교를 가지고 있지 않고, 굳이 기독교를 싫어하지 않는다면 선택할 수 있다.

● 사전 준비

수의와 관, 상복 등 장례용품을 미리 준비하면 불필요한 지출을 막을 수 있다. 수의와 관은 상을 당해 급하게 준비하다 보면 장례업자가 권하는 대로 비싼 물품을 불필요하게 충동구매할 가능성이 크다. 상복도 미리 준비하면 불필요한 대여비 지출을 방지할 수 있다. 이들 외에 다른 물품들도 미리 준비하면 장례식장 가격보다 싼 값으로 구매할 수 있다.

● 장례식장 선택

전체 장례비용 중에서 장례식장(상조회사 서비스 포함) 비용이 차지하는 비율이 70%가 넘는다. 따라서 편리하고 저렴한 장례식장을 선택하는 것이 매우 중요하다. 이를 위해 유족들은 사전에 여러 장례식장을 대상으로 가격과 서비스 내용을 꼼꼼히 비교하고 따져보는 것이 필요하다. 일반적으로 국·공립, 시립병원 장례식장이 상대적으로 저렴한 것으로 알려져 있다. 그리고 지방자치단체가 운영하는 장례식장은 해당 지역민에게 저렴한 가격에 서비스를 제공한다. 대학병원 장례식장은 다른 장례식장에 비해 비싸지만 더 양질의 시설과 서비스를 제공한다는 평가를 받고 있다.

## 장례비용 분담

장례비용은 보통 조의금으로 충당한다. 그런데 상제(喪制)나 유족이 여러 명이어서 이들 각자 앞으로 조의금이 들어오면, 장례비용을 어떻게 분담해야 하는가 하는 문제를 놓고 갈등이 벌어지기도 한다.

장례비용은 가족 공동의 문제이지만, 조의금은 각자가 받은 만큼 되돌려 주어야 하는 상호부조의 성격을 띠기 때문이다. 이로 인해 여러 가지 경우의 수가 발생한다.

- 각자 자기 손님이 낸 조의금을 갖고, 장례비용은 1/n로 분담한다.
- (부모님 사망) 누구 앞으로 들어온 조의금인지를 따지지 않고, 조의금으로 장례비용을 충당한 다음 남는 돈은 남은 부모님께 드린다(혹은 가난한 형제에게 준다).
- 누구 앞으로 들어온 조의금인지를 따지지 않고, 조의금으로 장례비용을 충당한 다음 남는 돈은 가족공동계좌에 넣어 두었다가 가족의 경조사에 쓴다.
- 누구 앞으로 들어온 조의금인지를 따지지 않고, 일단 조의금으로 장례비용을 충당한 뒤 남는 돈은 각자의 손님 비율로 나눠 가진다.
- (부모님 사망) 부모님의 돈으로 장례비용은 지불한 뒤 조의금

은 누구 앞으로 들어온 것인지를 따지지 않고, 모두 남은 부모님께 드린다.

• 누구 앞으로 들어온 조의금인지를 따지지 않고, 일단 조의금으로 장례비용을 충당한 다음 모자라는 돈은 1/n로 분담한다.

• (남은 부모님 사망) 부모님의 돈으로 장례비용을 지불한 뒤 조의금은 각자 자기 손님의 것을 챙겨 갖는다.

• (남은 부모님 사망) 부모님의 돈으로 장례비용을 지불한 뒤 모자라는 돈은 1/n로 분담한다.

이 문제는 어떤 경우에도 정답은 없다. 유족끼리 각자의 입장을 세심하게 배려하고 충분히 상의한 다음 결정하는 것이 최선이다.

## 15

# 3일장

### 3일장의 원칙

요즘은 특별한 사정이 없는 한 장례는 장례식장에서 3일장으로 치른다. 고인의 사망 당일 빈소를 설치하고 둘째 날에는 입관, 셋째 날에 발인·매장(또는 화장 등)을 하는 것이 일반적이다.

'상주'(맏상제)는 고인의 장자, 장자가 없으면 장손이 맡는 것이 원칙이다. 고인에게 아들이 없는 경우 요즘은 가풍에 따라서 큰딸 혹은 큰 사위가 상주를 맡는 일도 있다. 자손이 없으면 가장 가까운 촌수의 친족 중에서 연장자가, 아내의 상에는 남편이 상주가 된다. 상주의 아우, 여자형제는 '상제'로서 상주를 돕는다.

장례 중 내부의 일을 주관하는 '주부'는 고인의 부인이, 부인이 없을 경우 상주의 부인이 맡는다. 유족을 도와 장례 업무를 보조하는 '호상(총무)'은 부고, 부의금 접수 및 기록 등을 맡는다. '호상'은 장례에서 중요한 역할을 수행하므로 유족이 믿고 맡길 수 있는 사람으로 미리 정해 놓는 것이 좋다.

장례식장은 사전에 반드시 전화로 이용 가능 여부를 확인한 뒤 운구해야 한다. 장례식장에 빈소를 차린 후에는 장례방법, 입관, 장의용품 사용, 발인 예정일시, 장지 등을 결정하여 장례식장 측에 통보한다.

참고로 장례식장 영업자는 임대료·수수료 및 장례용품의 품목별 가격표를 이용자가 보기 쉬운 곳에 게시해야 하며 게시한 가격 외의 금품을 받아서는 안 된다는 사실을 알아두면 좋다.

요즘은 상조회사나 장례식장에 소속된 장례지도사(직원)들이 장례가 끝날 때까지 유족 곁에서 장례의 전 과정을 안내해 주고 도와준다. 유족이 장례 절차의 대강만 결정하면 세부적인 절차는 이들의 도움을 받을 수 있다.

따라서 상조회사나 장례식장을 이용하는 것이 여러모로 편리하다.

## 3일장의 절차

● 첫째 날(사망일)

• 사망진단서(시체검안서) 발급: 10부 정도 발급받는다. 병원에서 사망한 경우 주치의 진단 후 병원비를 정산하면 의사가 사망진단서(시체검안서, 변사인 경우 시체검안서 외에 검사지휘서가 있어야 장례 진행 가능)를 발급해준다. 대략 2시간 정도 소요된다.

• 운구: 자택에서 사망 시에는 병원 또는 장례식장으로 이송한다. 병원에서 사망한 경우 장례식장으로 운구한다. 장례식장 또는 가입한 상조회사에 연락하면 자택이나 병원으로 구급차나 장의차를 보내준다.

• 수시: 고인의 몸과 옷을 바로 하는 수시(收屍)는 유족이 직접 하기도 하고 장례지도사가 진행하기도 한다. 이때 사잣밥(저승사자에게 대접하는 밥)을 준비하기도 한다.

• 고인 안치: 고인을 장례식장 안치실에 안치한다. 상주는 고인이 안치된 냉장시설에 대한 번호 또는 보관키를 인수한다.

• 빈소 설치: 문상객의 수 등을 고려하여 빈소를 선택한다. 영정 사진을 준비한다.

• 장례용품 선택: 수의, 관 등을 선택하고 문상객 접대를 위한 음식 메뉴를 선택한다. 상조회사에 가입한 경우 계약한 물품을 사

용하면 된다.

• 화장시설 예약: 화장의 경우 화장 예약을 신청한다. 보건복지부가 운영하는 e하늘장사정보 사이트 www.ehaneul.go.kr에서도 예약이 가능하다.

• 부고: 부고장, 전화, 문자메시지 등으로 지인들에게 고인의 사망 사실을 알린다.

• 상식 및 제사상: 고인이 살아계실 때와 같이 식사를 올린다.

● 둘째 날(입관일)

• 염습: 고인을 정결하게 씻거나 소독하여 수의를 입힌다. 대략 2시간 동안 장례지도사와 보조자가 진행하며 이후 1시간 정도 가족과 이별 시간을 갖는다.

• 반함: 상주가 고인의 입안에 불린 쌀을 채운다. 고인의 입안 우측→좌측→중앙의 순으로 넣는다.

• 입관: 고인을 관에 모신 후 관에 보자기를 덮고 영정을 발치 쪽에 세운다. 고인이 신자인 경우 목사나 스님 등이 입관 후 간단한 종교의식을 거행한다.

• 성복 및 성복제: 유족들이 상복으로 갈아입고(성복) 제사음식을 차린 후 고인에게 제례(또는 종교의식)를 올린다.

• 문상객 접대: 조문 자리에서는 문상객도 상주도 아무 말을 하

지 않고 서로 절만 하는 것이 예의이다. 문상객이 굳이 위로의 말을 건네면 상주는 "고맙습니다." 또는 "드릴(올릴) 말씀이 없습니다."라고 하여 고마움을 표하면 된다.

◇ **조문의 절차**

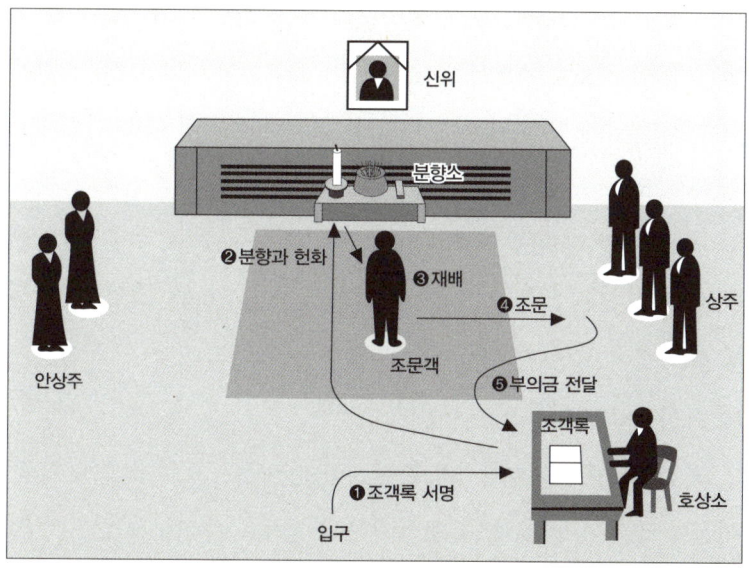

● 셋째 날(발인일)

• 비용 정산: 장례용품 비용 및 장례식장 이용료를 납부한다.

• 발인: 간단한 제물을 차리고 제사(또는 종교의식)를 지낸 후 영구가 장례식장을 떠난다. 이때 관은 항상 머리(천주교 의식의 경우 발) 쪽이 먼저 나가도록 한다. 발인은 화장(하관) 시각 등을 고려하

여 충분한 시간적 여유를 가지고 진행하여야 한다.

- 운구: 영구를 장의차로 장지(화장시설)까지 운반한다.
- 매장: 장지에 도착하면 공설묘지인 경우에는 관리사무소에 관련 서류를 접수하고 직원의 안내를 받는다. 하관 시 곡을 하지 않으며 하관 후 상주, 상제, 주부의 순으로 흙을 관 위에 세 번 뿌린다(취토). 봉분을 만든 뒤 준비한 지석(고인의 인적 사항 등을 새긴 판석)을 묘의 오른쪽 아래에 묻는다. 유족의 선택에 따라 산신제나 평토제, 또는 종교의식을 거행한다.
- 화장 및 봉안(또는 자연장): 화장서류(사망진단서 또는 시체검안서, 주민등록등본 등)를 접수한 후 화장로로 운구한다. 화장 후 화장필증을 받아 봉안 시 관계자에게 제출한다. 분골(유골)을 봉안장소에 모시거나 자연장을 거행한다.
- 장례 종료: 장의버스가 출발지인 장례식장으로 유족 및 조문객을 이송하여 준다. 중요 물품이나 귀중품을 분실하지 않도록 각자 확인하여야 한다.

## 3일장 이후

통상적으로 장례를 치른 후 3일째 되는 날(발인일 포함 3일째, 사망일 포함 5일째)에 삼우제를 지낸다.

집에서 간단하게 제사를 지낸 후 간단한 음식을 장만해 성묘를 한다. 묘소의 이상 유무를 확인한 다음 음식을 차려 놓고 술을 올리며 절을 한다.

이 밖에 49재 등 여러 가지 장례 후 의례가 있으나 요즘은 삼우제로 단일화하는 경향이다. 따라서 보통 3일간의 장례와 삼우제에 의해 장례의 전 과정이 5일로 간소화하는 것이 대세다.

장례 후 답례인사는 장례가 끝난 뒤 수일 내에 해야 한다. 부의록에 기록된 문상객에게는 찾아가거나 전화로 감사 인사를 하는 것이 원칙이다.

형편이 여의치 않을 경우 감사 인사장을 보내는 것이 예의이다. 인사장의 양식은 따로 없지만 감사의 뜻이 담긴 정중한 표현으로 쓴다. 스스럼없는 사이에는 요즘 이메일이나 문자메시지 등으로 이를 대신하기도 한다. 인사장의 사례 하나를 들면 다음과 같다.

『삼가 아룁니다. 지난번 제 아버님(또는 어머님 등)의 상을 당하였을 때 바쁘신 중에도 장례에 참석하여 따뜻한 위로의 말씀을 해주셔서 감사한 마음을 금할 길이 없습니다. 황망한 가운데 우선 글로써 인사를 대신하려고 합니다. 그 고마움은 절대로 잊지 않겠습니다. ○○○○년 ○○월 ○○일 ○○○올림』

매장 신고도 잊어서는 안 된다. 매장을 한 경우에 유족은 매장

후 30일 이내에 매장지를 관할하는 지방자치단체의 장례 담당부서에 신고하여야 한다. 이때 필요한 서류는 시신·유골 매장신고서이다.

공설묘지 또는 법인묘지에 매장할 경우 관리사무소에 구비서류를 접수하고 신고서를 작성하면 관리사무소가 매장신고를 대행할 수 있다. 개인 묘지의 경우에는 분묘설치 신고도 해야 하므로 사망신고 시에 매장신고와 묘지설치 신고를 함께 하면 편리하다.

매장·분묘설치 신고를 하지 않으면 300만 원 이하의 과태료 처분을 받을 수 있다.

## 16 종교별 장례의식

고인이 생전에 특정 종교의 독실한 신자였다면 그 종교에 따라 장례식을 거행하는 것이 고인에 대한 예우이다. 또 고인이 생전에 자신의 장례식을 종교의식으로 치러 달라는 당부나 유언을 한 경우에도 마찬가지이다.

### 불교식

불교에서는 화장을 하며 그 장례식을 다비식(茶毘式)이라 한다. 임종에서 입관까지 절차는 일반 장례식과 거의 비슷하며, 다만 영결식을 다비식 순서대로 거행한다. 따라서 3일장의 경우 3일차 영결식(발인)을 스님이 와서 행하고 장지로 간다. 다비식 순서는 대체로 다음과 같다.

① 개식: 호상이 한다.

② 삼귀의례: 불, 법, 승의 삼보에 돌아가 의지한다는 의식을 주례스님이 행한다.

③ 약력보고: 고인의 친구나 친지가 한다.

④ 착어: 고인을 위해 주례스님이 부처님의 가르침을 설법한다.

⑤ 창혼: 주례스님이 요령을 흔들며 고인의 혼을 부른다.

⑥ 헌화: 친지나 친척이 영전에 꽃을 바친다.

⑦ 독경: 주례스님과 모든 참례자가 경문을 소리 내어 읽는다.

⑧ 추도사: 일반적인 조사와 같다.

⑨ 소향: 일동이 함께 향을 피우며 고인을 애도한다.

⑩ 사홍서원: 주례스님이 한다.

⑪ 폐식: 영결식의 폐식을 선언한다.

영결식 후 장지로 가서 화장을 한다. 화장할 때 시신을 분구에 넣고 끝날 때까지 염불을 그치지 않는다. 화장이 끝나면 주례스님이 흰 창호지에 유골을 받아 상주에게 준다. 상주는 쇄골 후 절(또는 봉안당)에 봉안하고 제사를 지낸다. 이후 49재, 100일재, 3년상을 지낸다.

## 기독교식

처음부터 끝까지 목사의 집례 하에 진행된다. 임종이 임박하면 유족은 먼저 담임목사에게 연락하고 고인이 구원의 확신을 갖도록 기도와 찬송으로 돕는다. 임종하면 목사의 집례에 따라 임종예배를 드린다.

일반 장례식과는 달리 곡을 하지 않고, 음식을 차리지 않으며, 절도 하지 않는다. 또 분향을 하지 않고 헌화(대개 국화)를 한다. 아침과 저녁에 전과 상식을 올리지 않으며 염습 시에 묶지도 않는다.

따라서 일반 3일장이나 다른 종교의식에 비해 상당한 비용 절감을 꾀할 수 있다. 문상객도 술을 마시지 않아 접대비용이 줄어들므로 비용 절감 효과가 큰 것이 장점이다.

장례는 3일장이 일반적이나 교회에서는 이러한 일수에 얽매일 필요가 없으므로 주일이 겹칠 때에는 2일 혹은 4일장을 하기도 한다. 일반 조문객들을 위해 헌화할 꽃을 빈소 입구에 준비해 두는 것이 좋다.

영결식 전날 유족이 고인의 모습을 지켜보는 가운데 목사의 집례 하에 신도들이 염습을 하고 입관을 한다. 이때 입관예배도 함께 드린다.

발인일에 목사의 집례에 따라 영결식을 거행한 후 출관한다.

영결식은 영구를 교회에 안치해서 하거나 빈소에서 간단하게 행하는 경우가 있으며, 참석자들은 분향 대신 영전에 꽃 한 송이씩을 바친다.

묘지에서도 목사의 집례 하에 하관식을 거행한다. 찬송 속에 헌화와 취토를 하고 성분을 한다. 기독교식이라고 하여 꼭 매장하여야 하는 것은 아니며 화장도 교리에 어긋나지 않는다. 실제로 기독교인들의 화장도 증가하는 추세이다.

49재 등은 하지 않는다.


## 가톨릭식

생전에 영세를 받은 사람은 가톨릭의 장례 의식을 따를 수 있다. 가톨릭 정신에서 벗어나지 않는 한도 내에서 우리 고유의 장례 의식을 병행하기도 한다.

가족은 먼저 본당 사무실에 부음을 알린다. 만약 고인이 병원 입원 중 운명했다면 그 병원 원목실에 문의할 수 있다. 요즘은 웬만한 종합병원의 경우 가톨릭 원목실이 있다.

가톨릭 장례를 치르기 위해서는 임종 전부터 준비해야 한다. 먼저 신부님을 초청해 고인이 마지막 고해성사의 시간을 가질 수 있도록 해준다. 그리고 그리스도와 하나가 되는 의식인 노자성체, 마지막 속죄 의식인 임종 전대사 등의 의식을 거행하도록 한다. 고인의 마음이 편하도록 하기 위해 흐느끼거나 통곡하는 것을 삼가야 한다.

운명한 뒤에는 깨끗한 옷으로 갈아입히고 손과 발이 굳기 전에 가지런히 해준다. 손은 합장시켜 묵주나 십자가상을 쥐어 주고 눈을 쓸어 감게 하며 입도 다물도록 해준다. 고인의 머리맡의 상 위에는 십자고상을 모시고, 양쪽에 촛불을 밝히며 성수 그릇과 성수를 놓는다.

입관까지 이런 상태를 계속 유지하며 가족들은 옆에 앉아서 위령기도를 올린다. 또 상복을 입고 조문객을 맞는다. 유족이 부탁하지 않아도 염습에 경험이 있는 사람이 와서 고인을 알코올로 깨끗이 닦고 수의를 입힌 다음 입관한다.

장례식 날에 영구를 성당(또는 장례식장 영결식장)으로 옮겨 연미사와 사도예절을 거행한다. 연미사는 우리나라 가톨릭에만 있는 위령기도로, 노래를 우리나라 창(唱)의 음률로 부르며, 1시간이 소요될 정도로 긴 기도이다. 예법에 따라 정확하게 거행해야 하는 매우 중요한 가톨릭 장례절차이다.

장지에 도착하면 묘지 축성기도를 하고 영구와 천광에 성수를 뿌리고 하관기도를 한 후 하관한다. 입관, 출관, 행상, 하관 등은 가톨릭의 성교예규에 따라 거행한다.

    장례 후 3일, 7일, 30일, 소상과 대상 때에 연미사를 올리고 가족의 고해, 영성체를 거행한다. 가톨릭 신앙에 어긋나지 않는 범위 내에서 간소한 음식을 접대하거나 묘소를 찾고 성묘한다.

## 제7부

# 장례 후 절차

"태어난 자에게 죽음은 반드시 찾아온다. 죽은 자는 반드시 다시 태어난다.
피할 수 없는 길을 탄식해서는 안 된다."
- 〈바가바드 기타〉 -

# 17 사망신고

### 언제, 누가 해야 하나

사망신고는 고인의 사망 사실을 안 지 1개월 이내에 해야 한다. 고인의 사망시점으로부터 1개월 이내라고 잘못 알고 있는 사람도 있지만, 정확한 기준은 신고 의무자가 고인의 사망을 인지한 시점이다.

신고 의무가 있는 사람이 정당한 사유 없이 이 기간 내 신고나 신청을 하지 않을 경우 5만 원 이하의 과태료를 물게 될 수 있다. 그러나 1개월 이후에 한 신고도 사망신고로서 적법한 효력을 갖는다.

신고 의무자는 동거하는 친족이다. 이 밖에 친족, 동거자 혹은 사망 장소를 관리하는 사람, 사망 장소의 동장이나 통·이장도 사망 신고가 가능하다. 여기서 동거자는 사실상 사망자와 동거하는 사람을 말하며, 가족이 아니더라도 세대를 같이 하는 사람이면 신고가 가능하다.

고인이 병원, 교도소, 기타 시설에서 사망해 신고 의무자가 신고할 수 없는 경우에는 해당 시설의 장 또는 관리인이 신고를 하여야 한다.

## 어디서 신고하나

원칙적으로 사망신고는 사망자의 등록기준지(본적지) 또는 신고인의 주소지나 현재지의 시(구)청·읍·면 주민센터에서 하여야 한다. 그러나 사망지, 매장지, 화장지의 시(구)청·읍·면 주민센터에서도 할 수 있다.

통상적으로는 시의 경우 신고 장소가 사망자의 주민등록지와 같은 때에는 사망자의 주민등록을 관할하는 동 주민센터에서 사망신고를 할 수 있다(다른 동 주민센터에서는 할 수 없다). 그러면 동장은 소속 시장을 대행해 신고서를 수리하고 동이 속한 시의 장에게 신고서를 송부한다.

구청에서 할 경우 고인의 주민등록지와 관계없이 가까운 구청에서 신고가 가능하다.

하지만 사망 장소가 불분명한 경우에는 사체가 처음 발견된 곳, 기차나 그 밖의 교통수단에서 사망한 때에는 사체를 교통수단에서 내린 곳, 항해일지를 비치하지 아니한 선박 안에서 사망한 경우에는 해당 선박이 최초로 입항한 곳에서 사망신고가 가능하다.

고인이 외국에서 사망한 경우에는 그 지역을 관할하는 대한민국 재외공관의 장에게 신고하거나 신청을 할 수 있다.

## 사망신고의 절차

사망신고는 관할 시(구)청·읍·면·동 주민센터 등을 직접 방문하여 하거나 우편으로 할 수도 있다. 그러나 인터넷 신고는 할 수 없다. 호주승계인이 호주의 사망신고를 하는 경우에는 호주승계신고도 함께 할 수 있다.

사망신고를 위해서는 시(구)청·읍·면·동 주민센터 등에 비치된 사망신고서를 작성하여 제출하여야 한다. 이때 첨부해야 할 서류는 고인의 사망 사실을 증명하는 서류(사망진단서, 시체검안서 등), 신고인의 신분증, 고인의 가족관계등록부의 기본증명서이다.

◇ 사망신고서 서식

[사망신고서 양식 이미지]

사망신고서에는 사망시점을 정확히 기재하는 것이 중요하다. 사망시점이 호주 승계, 재산 상속의 기준이 되기 때문이다. 따라서 사망신고서에는 사망 연월일 외에 사망 시각까지 정확히 기재하여야 한다. 사망 시각은 1일 24시간 단위에 따라 낮 12시는 12시, 오

후 10시 20분은 22시 20분, 밤 12시는 다음날 0시로 기재하여야 한다. 사망 연월일을 '미상'으로 기재하면 안 된다.

고인이 외국에서 사망한 경우에는 현지 시각을 기재하여야 한다.

사망 장소는 최소 행정구역(시·구의 동, 읍·면의 리)의 명칭까지만 기재하여도 족하다. 지번이 기재되어 있지 않아도 신고서는 반려되지 않는다.

사망신고서에는 고인의 사망 사실을 증명하는 사망진단서나 시체검안서를 첨부하여야 한다.

부득이한 사정으로 사망진단서나 시체검안서가 없을 때에는 동·리장이나 인우(이웃)보증인 2인 이상이 작성한 사망증명서를 첨부하여야 한다. 사망증명서는 정해진 서식을 사용하여야 하며 동·리장의 경우 이를 증명하는 서면, 인우보증인의 경우 인감증명서 또는 주민등록사본을 각자 1부씩 첨부하여야 한다.

그리고 관공서가 발급한 사망증명서 또는 매장인허증을 첨부해도 된다.

이 외에 재외국민의 경우 거주지 법에 따라 처리된 사망수리증명서, 군인의 경우 군 참모총장·부대장 등이 발급한 증명서 등을 첨부하면 된다.

신고인이 직접 신고할 경우 신분증을 휴대하면 되며, 우편으로 신고하는 경우 신분증의 앞뒷면을 복사한 사본을 제출하면 된다.

고인의 가족관계등록부의 기본증명서는 행정관서에서 전산으로 확인이 가능하면 제출하지 않아도 된다.

### 사망신고의 효과

사망신고를 하면 최종적으로 고인의 가족관계등록부가 폐쇄되고 주민등록이 말소된다.

사망신고를 주소지에서 할 경우 주민등록상의 정리는 빠르게 처리되지만, 가족관계등록부상 정리는 주소지에서 본적지로 통보하는 시간이 있기 때문에 1주일 정도의 시간이 소요된다.

사망신고에 따라 재산, 채무 등에 대한 상속 절차가 개시된다.

# 재산 조회

상속을 위해서는 먼저 고인의 재산 상태를 파악해야 한다. 고인이 보유한 금융자산과 부동산이 우선 파악 대상이다. 이를 돕기 위해 정부가 '안심 상속 원스톱 서비스'를 시행하고 있으므로 이 서비스를 이용하면 편리하다.

이 서비스는 사망신고를 할 때 함께 신청하면 정부가 고인의 재산 상태를 일괄적으로 조회해 인터넷이나 우편으로 알려주는 제도이다. 신청인은 약 보름 뒤 집에서 고인의 금융 거래, 부동산, 자동차, 국민연금, 국세·지방세 납부 상태 등을 알 수 있다.

이 서비스를 신청할 수 있는 사람은 상속인과 상속인의 대리인이다. 상속인은 민법상 제1순위 상속인인 사망자의 직계비속과 배우자이며, 제1순위가 없는 경우에 한하여 제2순위 상속인인 사망자의 직계존속과 배우자가 신청 가능하다.

신청에 필요한 서류는 상속인이 신청할 경우 상속인 본인의 신분증(주민등록증, 운전면허증, 여권 등)만 있으면 되며, 대리인이 신청할 경우 대리인의 신분증, 상속인의 위임장, 상속인의 인감증명서(또는 본인서명사실확인서)를 지참해야 한다.

조회 결과는 신청서에 기입한 '조회 결과 확인방법'에 따라 신청인에게 알려준다. 토지, 자동차, 지방세 정보는 문자, 우편, 방문 중에서 선택 가능하다. 금융거래(금융감독원) 및 국민연금(국민연금공단) 정보는 각 기관의 홈페이지에서, 국세(국세청)는 홈택스 www.hometax.go.kr에서 확인할 수 있게 해준다.

이 서비스를 통해 파악할 수 있는 내용은 고인의 금융자산, 소유 부동산, 자동차 소유, 국민연금 가입 유무, 국세 체납세액과 납기 미도래 고지세액 및 환급세액, 지방세 체납 세액 및 납기 미도래 고지세액 등이다. 금융자산의 경우 접수일 기준 고인 명의의 모든 금융 채권과 채무를 알 수 있다. 예금은 잔액(원금), 보험은 가입 여부, 투자상품은 예탁금 잔고 유무를 알려 준다.

이 서비스의 신청은 고인의 주민등록지에서 사망신고 접수를 담당하는 시청이나 구청, 읍·면·동 주민센터 민원실의 가족관계등록 담당 공무원에게 하면 된다. 신청은 사망신고를 할 때뿐 아니라 사망신고 이후에도 할 수 있다. 신청 기간은 사망일이 속한 달의 말일부터 6개월 이내이다.

이 서비스를 이용하지 않을 경우 유족은 일일이 해당 기관을 방문해야 한다. 고인의 금융자산은 금융감독원의 본원이나 지원, 출장소 또는 은행, 보험사, 우체국 등 일선 금융기관의 지점에서 일괄 조회가 가능하다.

◇ **금융감독원 연락처**(고인의 금융거래 조회 서비스)

| 금융감독원 대표 | (국번없이)1332 | 전주지원 | 063-250-5000 |
|---|---|---|---|
| 서울본원 | 02-3145-5114 | 충주지원 | 043-857-9104 |
| 대전지원 | 042-479-5151~4 | 강릉지원 | 033-642-1902 |
| 대구지원 | 053-760-4000 | 제주지원 | 064-746-4200 |
| 부산지원 | 051-606-1702 | 인천지원 | 032-715-4890 |
| 광주지원 | 062-606-1600 | 창원지원 | 055-716-2330 |
| 춘천지원 | 033-250-2800 | | |

고인의 부동산 보유 현황 파악은 해당 지자체의 지적과를 방문해야 가능하다.

이 밖에 국세는 세무서, 지방세는 지자체 세무과, 자동차는 지자체 교통과, 국민연금은 국민연금공단 지사를 방문해야 한다.

주의해야 할 점은 고인의 금융자산 파악을 위해 금융거래 조회 서비스를 신청하면 금융회사가 고인의 해당 계좌에 대해 임의로

◇ 고인의 금융거래 조회 서비스

| 기관명 | 홈페이지 주소 | 담당부서 | 전화번호 |
|---|---|---|---|
| 전국은행연합회 | www.kfb.or.kr | 민원상담실 | 02-3705-5000 |
| 생명보험협회 | www.klia.or.kr | 소비자보호실 | 02-2262-6565 |
| 손해보험협회 | www.knia.or.kr | 소비자지원팀 | 02-3702-8629 |
| 한국금융투자협회 | www.kofia.or.kr | 분쟁조정팀 | 02-2003-9000 |
| 종합금융협회 | www.ibak.or.kr | 업무부 | 02-720-0570 |
| 여신금융협회 | www.crefia.or.kr | 소비자보호팀 | 02-2011-0700 |
| 상호저축은행중앙회 | www.fsb.or.kr | 경영지원부 | 02-397-8637 |
| 신용협동조합중앙회 | www.cu.co.kr | 경영지원부 | 042-720-1000 |
| 새마을금고중앙회 | www.kfcc.co.kr | 금융소비자보호실 | 02-2145-9241 |
| 산림조합중앙회 | www.nfcf.or.kr | 신용사업부 | 02-3434-7114 |
| 한국예탁결제원 | www.ksd.or.kr | 증권대행부 | 02-3774-3547 |
| 우체국 | www.epostbank.go.kr | 우정사업본부 | 1588-1900 |

(출처: 찾기 쉬운 생활법령, 법제처 사이트)

지급정지 조치를 취한다는 사실이다. 따라서 이후 해당 계좌의 자동이체 및 출금이 제한된다.

이 밖에 드러나지 않는 채무 파악도 중요하다. 드러나지 않는 채무는 위의 방법으로는 알 수 없다. 이런 채무는 상속인이 개인적으로 파악하는 것 외에 달리 방법이 없다. 하지만 상속 후 이 같은 채무가 밝혀져 상속을 취소·변경하여야 하는 일이 발생할 수도 있음에 유의해야 한다.

# 19

# 상속예금 찾기

### 상속예금 청구 방법 —

상속예금이 100만 원 이하인 경우 상속인은 예금을 쉽게 찾을 수 있다. 고인의 기본증명서와 가족관계증명서를 제출하면 금융기관이 예금을 지급한다. 이 경우 상속인 대표자의 단독 청구로도 상속예금 인출이 가능하다.

그러나 상속예금이 100만 원을 초과하면 인출이 쉽지 않을 수 있다. 금융기관이 공동상속인 전원의 동의서를 요구하며, 전원의 동의서가 없는 경우 예금을 지급하지 않기 때문이다. 공동상속인이 자신의 법정지분에 해당하는 예금의 지급을 개별적으로 요청해도 마찬가지이다.

　이런 경우 상속재산분할협의서를 작성해서 가면 상속예금 인출에 별다른 문제가 없다. 또 일부 공동상속인이 자신의 상속분에 해당하는 예금을 개별적으로 인출하는 것도 가능하다. 그러나 공동상속인 중 1명이라도 동의하지 않거나 연락이 잘 닿지 않으면 애를 먹게 된다.

　이런 상황이면 소송을 통해 문제를 해결해야 한다. 먼저 지급을 거절하는 금융기관에 지급을 요청하는 내용증명서를 보낸다. 일부 금융기관은 내용증명만으로 상속예금을 지급하기도 한다.

　그럼에도 금융기관이 지급 요청에 응하지 않으면 예금반환청구소송을 제기해야 한다. 법원은 별다른 사정이 없는 한 『원고(상속인)에게 해당 법정지분에 해당하는 만큼의 상속예금을 지급하라』는 판결을 내린다.

　따라서 만약 금융기관이 상속예금 지급을 거절하면 은행직원과 실랑이할 필요 없이 바로 소송을 제기하는 것이 시간과 비용을 절감하는 길이다. 이런 금융기관이 여러 곳이면 이들 모두를 피고로 하는 소송을 제기할 수 있다.

### 상속예금 청구 시 구비서류

　금융기관에 상속예금의 지급을 요청할 때에는 미리 해당 금융기관에 문의하는 것이 좋다. 금융기관별로 요청하는 서류가 다를 수 있기 때문이다.
　상속인 전원이 상속예금을 공동 청구하는 경우에는 대체로 다음 서류를 준비해야 한다.
- 상속을 증명하는 서면(가족관계증명서 및 제적등·초본 등)
- 상속인 전원이 연서한 상속예금신청서 또는 대표자의 상속예금신청서
- 상속인 전원의 인감증명서
- 상속인 대표자의 각서
- 상속포기자가 있는 경우에는 상속포기서
- 상속예금수령자 지정확인서

　공증 받은 유언장에 의해 청구할 경우에는 공증 받은 유언장, 상속을 증명하는 서류, 수증자의 신분증과 인감증명서 등이 필요하다.
　판결문에 의한 청구인 경우에는 판결정본, 판결확정증명원, 상속인 신분증, 인감증명서 등을 제출해야 한다.
　공동상속인 가운데 해외거주자가 있는 경우에는 당사자가 국적

을 유지하고 있으면 재외공관의 인증을 받은 위임장을 사용할 수 있다. 당사자가 국적상실자이면 아포스티유(국제인증시스템) 확인 서류에 의해 작성된 위임장이 필요하다.

공동상속인 중 교도소 수감자가 있는 경우에는 교도소장의 인증으로 확인된 위임장을 사용할 수 있다.

상속인 중 미성년자가 있으면 친권자가 소정의 절차를 밟아 미성년 상속인을 대리한다. 그 미성년자와 친권자의 이해가 상반되는 경우에는 법원의 특별대리인 선임결정서 등본을 첨부해야 한다.


## 상속예금의 승계

청약예금이나 부금, 청약종합저축 등은 상속으로 인한 승계가 가능하다. 이런 예금들은 고인이 적립한 예금액을 찾는 것보다 상속인이 승계하여 계속 불입하는 것이 훨씬 유리하다.

이때 승계를 위해서는 반드시 해당 금융기관에 신고하여야 하며, 신고기한은 고인의 사망일로부터 3개월이다.

승계하면 고인의 미회수 수표와 각종 카드는 회수·해지되며 그 계좌에 속한 모든 약정은 존속된다. 그러나 생계형 및 세금우대저축은 승계가 안 되며 특별중도해지만 가능하다.

승계 신청 시 필요한 서류는 다음과 같다.
- 승계신고서
- 상속인 전원이 연서한 상속예금 명의변경신청서 또는 대표자의 명의변경 신청서
- 승계 받고자 하는 예금통장
- 승계를 증명할 수 있는 가족관계등록부, 유언장 사본 등
- 다른 상속인의 동의서
- 인감증명서
- 승계인의 실명확인 증표

# 20 보험금 청구

## 보험금도 상속재산일까

고인이 가입한 보험이 있는 경우에는 먼저 고인이 보험계약자(보험료를 내는 사람), 피보험자(보험금 지급의 조건이 되는 사람), 보험수익자(보험금을 받는 사람) 중 어떤 자격인지를 확인해야 한다. 이에 따라서 보험금지급청구권은 상속재산이 될 수도 있고, 그렇지 않을 수도 있다.

보험수익자가 고인으로 되어 있는 경우 보험금지급청구권과 이로 인한 보험금은 고인의 재산이 되므로 이는 상속재산에 해당한다.

그러나 고인이 피보험자이지만 보험수익자가 특정 상속인으로 되어 있는 경우에 보험금지급청구권은 그 상속인의 고유재산이 된다. 따라서 다른 상속인은 이에 대해 상속재산 분할을 청구할 수 없다. 이 경우 보험금지급청구권을 가진 상속인이 상속포기를 하더라도 이와 무관하게 그 청구권은 계속 보유한다.

이는 보험수익자가 지정되어 있지 않은 경우에도 마찬가지이다. 대법원판례는 이 경우에도 보험금지급청구권을 상속재산이 아닌, 상속인의 고유재산으로 판단하였다. 보험수익자가 지정되어 있지 않으면 고인의 법정상속인을 보험수익자로 보기 때문이다.

따라서 보험금지급청구권이 상속인의 고유재산인 경우에는 고인의 빚이 상속재산보다 많아 상속인이 상속포기를 하더라도 고인의 채무자는 보험금 수령을 이유로 상속인에게 채무 변제를 요구할 수 없다. 그러므로 상속포기를 하는 상속인은 이 점은 반드시 확인해야 한다.

보험금이 상속재산이 아니더라도 수령한 보험금에 대한 상속세를 내지 않는 것은 아니다. 민법상 상속재산이 아닌 경우에도 세법에서는 상속재산으로 보기 때문이다. 우리 세법은 고인이 보험계약자이거나 실질적으로 보험료를 납부했다면 그 보험금을 과세의 대상으로 본다.

## 보험금 찾는 법

상속인이 보험금을 찾는 구체적 방법은 다음과 같다.

● 고인이 보험계약자인 경우

고인이 보험에 가입해 보험료를 내는 계약자라면 상속인 전원의 동의로 보험사에 계약자 변경신청을 할 수 있다. 이때 피보험자가 따로 있다면 피보험자의 동의를 구해야 한다. 그렇지 않고 보험계약을 해약하려면 상속인 전원의 위임장 및 인감증명서를 첨부해야 한다.

이 경우 필요한 서류는 다음과 같다.

- 보험계약사항변경(해약) 신청서(보험사 비치)
- 상속을 증명하는 서면(가족관계증명서 및 제적등·초본 등)
- 위임장(대표계약자 지정, 상속인 전원 날인)
- 인감증명서(전원)
- 대표계약자 신분증
- 상속관계 확인을 위해 추가로 서류를 요구할 수 있음

● 고인이 피보험자인 경우

고인의 사망 사실을 안 날로부터 2년 이내 보험수익자가 보험

금 지급을 청구할 수 있다. 이 기간을 넘기면 청구권이 소멸되므로 각별히 유념해야 한다. 보험수익자가 지정되어 있지 않은 경우에는 고인의 법정상속인이 수익자가 된다.

필요한 서류는 다음과 같다.

- 보험금청구서(보험사 비치)
- 피보험자의 사망 사실과 원인을 알 수 있는 서류(사망진단서 등)
- 보험수익자를 지정한 경우 수익자 신분증

보험수익자가 지정되지 않아 법정상속인이 보험금지급청구권 상속하는 경우에 필요한 서류는 다음과 같다.

- 가족관계등록부와 위임장(대표수익자 지정, 상속인 전원 날인)
- 인감증명서(전원)
- 대표수익자 신분증
- 상속관계 확인을 위해 추가서류 요구할 수 있음

● 고인이 보험수익자인 경우

보험금 지급사유가 발생하기 전에 고인이 사망하면 보험계약자가 보험수익자를 변경할 수 있다. 보험금 지급사유가 이미 발생했다면 보험수익자의 법정상속인이 보험금지급청구권을 상속한다.

보험금지급청구권 상속에 필요한 서류는 다음과 같다.

- 가족관계등록부와 위임장(대표수익자 지정, 상속인 전원 날인)

- 인감증명서(전원)
- 대표수익자 신분증
- 상속관계 확인을 위해 추가서류 요구할 수 있음

● 고인이 피보험자인 동시에 보험수익자인 경우

고인의 법정상속인이 보험금지급청구권을 상속한다. 이때 제출서류는 고인이 피보험자인 경우와 동일하다.

제8부

# 상속의 기술

"사람의 죽음은, 죽은 사람보다 산 사람의 문제이다."
- 토마스 만 -

## 21

# 상속의 개시

## 상속의 개시 시점

상속은 고인이 보유한 재산 및 재산상의 지위를 포괄적으로 승계하는 것을 의미한다. 따라서 상속인이 상속을 포기하지 않는 이상 채무도 승계된다.

상속은 고인의 사망에 의해 개시된다. 따라서 상속의 개시 시점은 고인의 사망시점이다. 그리고 상속인이 되려면 상속의 개시 시점 즉, 고인의 사망시점에 살아 있어야 한다.

고인의 사망시점은 생명이 절대적·영구적으로 정지된 시점을 말한다. 이에 관해 호흡, 맥박과 혈액순환이 멎은 시점을 사망시점으로 보는 것이 일반적이다.

상속 개시의 장소는 고인의 주소지이다. 따라서 고인이 자신의 주소지 이외의 장소에서 사망하더라도 그 주소지에서 상속이 개시된다.

상속에 관한 비용은 상속재산 중에서 지급한다. 이 비용에는 상속재산 관리비, 장례비, 상속세 등이 포함된다. 만약 상속재산에 대한 소송이 제기되는 경우에는 소송비용도 포함한다.

## 상속재산과 상속되지 않는 재산

상속재산은 상속인에게 이익이 되는 적극재산뿐 아니라 채무와 같은 소극재산도 포함한다. 적극재산은 상속인에게 이익이 되는 물권, 채권, 물건 등을 말하며 소극재산은 채무를 말한다.

하지만 고인의 일신에 전속한 것은 상속되지 않는다. '일신에 전속한 재산권'이란 성질상 타인에게 귀속될 수 없고 본인에게만 귀속될 수 있는 개인적인 권리이다.

또 제사용 재산도 상속되지 않는다. 제사용 재산이란 분묘에 속한 1정보(대략 3,000평) 이내의 금양임야(나무나 풀 따위를 함부로 베지 못하도록 되어 있는 임야)와 600평 이내의 묘토(墓土)인 농지, 족

보와 제사도구를 말한다. 그 소유권은 제사를 주재하는 사람에게 있다.

◇ 상속되는 재산

| | |
|---|---|
| 적극재산 | • 동산·부동산 등의 물건<br>• 물건에 대한 소유권, 점유권, 지상권, 지역권, 전세권, 유치권, 질권, 저당권 등의 물권<br>• 특정인이 다른 특정인에 대해 일정한 행위를 요구하는 권리인 채권<br>  - 생명침해에 대한 손해배상청구권<br>  - 위자료청구권<br>  - 이혼에 의한 재산분할청구권<br>  - 주식회사의 주주권<br>  - 유한회사 사원의 지분<br>  - 합자회사 유한책임사원의 지위<br>• 특허권·실용신안권·의장권·상표권·저작물에 관한 권리 등의 무체재산권<br>• 영업자의 지위<br>  - 음식점 영업(1개월 이내 신고)<br>  - 골재 채취업(3개월 이내 신고)<br>  - 기타 관련 법령에 의한 영업자 |
| 소극재산 | • 일반 채무<br>• 조세 |

(출처: 찾기 쉬운 생활법령, 법제처 사이트)

◇ 상속되지 않는 재산

| | |
|---|---|
| 일신에 전속하는 권리 | • 사단법인 사원의 지위<br>• 특수지역권<br>• 위임계약 당사자의 지위<br>• 대리관계의 본인 또는 대리인의 지위<br>• 조합원의 지위<br>• 정기증여의 수증자의 지위<br>• 사용자의 지위<br>• 합명회사 사원의 지분<br>• 합자회사 무한책임사원의 지위<br>• 벌금이나 과료, 추징금 |
| 법률 또는 계약 등에 의해 귀속이 결정되는 권리 | • 생명보험금청구권<br>• 퇴직연금·유족연금의 청구권<br>• 제사용 재산<br>• 부의금<br>• 신원보증인의 지위<br>• 보증기간과 보증한도액의 정함이 없는 계속적 보증계약의 보증채무 |

(출처: 찾기 쉬운 생활법령, 법제처 사이트)

## 22

# 상속의 순위

민법에서 상속인의 범위는 배우자 및 고인의 직계비속, 직계존속, 형제자매, 4촌 이내의 방계혈족으로 규정하고 있다. 예외적으로 태아의 경우에는 상속순위에 관하여는 이미 출생한 것으로 보고 있으나, 만약 태아가 유산이나 사산 등으로 출생하지 못하면 그 상속권은 인정되지 않는다.

상속인의 상속순위는 다음과 같다. 이때 선순위에서 상속인이 결정되면 그 이후의 순위에 해당되는 사람은 상속인이 될 수 없다.

- 제1순위: 고인의 직계비속
- 제2순위: 고인의 직계존속
- 제3순위: 고인의 형제자매

◇ 상속인 가능 여부

| 기타 상속인이 될 수 있는 사람 | 상속인이 될 수 없는 사람 |
|---|---|
| 1. 태아<br>2. 이성동복(異姓同腹)의 형제<br>3. 이혼 소송 중인 배우자<br>4. 인지된 혼외자<br>5. 양자, 친양자, 양부모, 친양부모<br>6. 양자를 보낸 친생부모<br>7. 북한에 있는 상속인<br>8. 외국 국적을 가지고 있는 상속인 | 1. 적모서자(嫡母庶子)<br>2. 사실혼 배우자<br>3. 상속결격 사유가 있는 사람<br>4. 유효하지 않은 양자<br>5. 친양자를 보낸 친생부모<br>6. 이혼한 배우자 |

(출처: 찾기 쉬운 생활법령, 법제처 사이트)

- 제4순위: 고인의 4촌 이내의 방계혈족

동순위의 상속인이 여러 명일 때에는 최근친을 선순위로 하며, 동친(촌수가 같은 사람)의 상속인이 여러 사람인 때에는 공동상속인이 된다. 가령 고인에게 아들, 딸, 손자가 각각 1명씩 있을 경우 이들 모두가 직계비속이지만 촌수로는 아들과 딸이 각각 1촌, 손자는 2촌이다. 따라서 최근친인 아들과 딸이 공동상속인이 되며 손자는 촌수가 상대적으로 멀어 제외되는 것이다.

## 배우자

배우자는 직계비속 또는 직계존속과 동순위로 공동상속을 하며 직계비속, 직계존속이 없을 때에는 단독으로 상속한다.

즉, 자녀가 있는 경우 배우자는 자녀와 함께 공동상속인이 되며, 자녀는 없고 손자녀가 있는 경우 배우자는 손자녀와 함께 공동상속인이 된다. 자녀와 손자녀가 모두 없고 부모(혹은 조부모)가 있는 경우 배우자는 부모(혹은 조부모)와 공동상속을 하게 된다.

그러나 자녀(또는 손자녀)와 부모(또는 조부모)가 모두 없다면 배우자가 단독 상속을 하게 된다. 그리고 배우자가 존속하는 경우 형제자매와 4촌 이내의 방계혈족은 상속인이 될 수 없다.

여기서 배우자란 혼인신고를 한 법률상의 배우자를 말한다. 고인과 동거하며 자녀를 낳았어도 혼인신고가 안 된 사실혼의 배우자는 상속인이 될 수 없다.


## 제1순위 상속인

제1순위 상속인은 고인의 직계비속이다. 여기서 직계비속은 자연혈족뿐 아니라 입양에 의한 법정혈족(양자·친양자)을 포함한다.

직계비속은 혼인 중의 출생자와 인지된 혼인 외의 출생자, 남자와 여자, 기혼과 미혼을 불문하고 촌수가 같으면 동순위로 상속인이 된다. 촌수가 다르면 가까운 쪽이 선순위가 된다. 즉 아들(1촌)

과 외손자(2촌)가 모두 있을 때에는 촌수가 가까운 아들만이 상속인이 된다.

이 경우 친양자로 고인에게 입적된 자는 친부모와의 관계는 단절되기 때문에 친부모에 대한 상속권은 없다.

직계비속이 고인에 앞서 사망하였을 때에는 그 직계비속의 배우자 및 아들, 딸이 대습상속을 한다.


## 제2순위 상속인

제2순위 상속인인 직계존속은 부계, 모계 또는 양가, 생가를 불문한다. 단, 친양자가 사망한 경우 생가의 직계존속은 상속인이 될 수 없다.

제2순위의 상속인은 제1순위 상속인이 없을 때 재산을 상속한다. 예를 들어 장남이 사망하고 손자가 있을 때는 손자가 상속을 하므로 아버지는 장남의 재산을 상속할 수 없다.

직계존속이 여러 명일 때에는 촌수가 가까운 사람이 상속인이 된다. 고인의 아버지와 할머니가 살아 있는 경우 모두 직계존속이지만 아버지가 1촌이므로 2촌인 할머니에 앞서 상속인이 된다.

## 제3순위 상속인

제3순위 상속인인 형제자매는 고인에게 직계비속, 직계존속, 배우자가 없는 때에만 상속인이 된다.

여기서 형제자매는 친형제자매뿐 아니라 이복형제자매와 이성동복형제자매도 포함한다. 법원이 부계 및 모계의 형제자매를 모두 포함한다고 해석하고 있기 때문이다.

또한 상속인이 될 형제자매가 상속 개시 전에 사망하거나 결격자가 된 경우에 대습상속이 가능하다. 상속 개시 당시 형제자매가 모두 사망하였거나 결격으로 상속할 수 없게 되면 그 직계비속(조카나 질녀)과 그 배우자가 대습상속을 한다.

## 제4순위 상속인

이들은 직계비속, 직계존속, 배우자, 형제자매가 없는 때에만 상속인이 된다. 이 경우에 제4순위는 고인의 3촌부터 4촌까지의 방계혈족을 말하며, 3촌이 되는 방계혈족에는 백부, 숙부, 고모, 외숙부와 이모가 있고, 4촌이 되는 방계혈족에는 종형제자매, 고종형제자매, 외종형제자매, 이종형제자매가 있다.

이 경우에도 당연히 3촌이 4촌에 앞서 선순위 상속인이 되며 동친이 여러 명일 경우 이들은 공동상속인이 된다.

## 대습상속인

상속인이 될 직계비속 또는 형제자매가 상속 개시 전에 사망하거나 결격자가 된 경우에 그 사람의 순위에 갈음하여 상속인이 되는 사람을 대습상속인이라고 한다. 사망·결격 상속인의 직계비속 또는 배우자가 이에 해당한다.

예를 들어 고인에게 장남과 차남이 있었으나 고인에 앞서 장남이 배우자와 아들을 남기고 병으로 사망했다면, 장남의 배우자와 아들은 고인에 대하여 대습상속인 지위를 갖는다.

대습상속인은 상속순위와 상속분에 있어서 사망·결격 상속인의 지위를 대신한다. 따라서 대습상속인은 사망·결격 상속인이 살아 있었다면(또는 결격되지 않았다면) 상속받았을 상속재산을 대상으로 하여, 대습상속인들 내부에서 각자의 상속분에 따라 상속하게 된다.

## 특별연고자

앞서 언급한 상속인이 없는 경우에 고인의 재산은 원칙적으로 국가에 귀속된다. 이때 고인의 채무는 국가에 귀속되지 않는다.

그러나 사실상의 배우자, 사실상의 양자처럼 고인과 생계를 같이 하고 있었던 사람, 고인을 요양간호한 사람, 기타 고인과 특별한 연고가 있던 사람은 법률상 상속인은 아니지만 재산 일부를 나누어 받을 수 있다.

이들은 법정 상속인이 없다는 사실이 확정된 후에 재산 분여를 청구할 수 있다. 이 청구는 상속인 수색 공고기간이 만료된 후 2개월 이내에 하여야 한다.

특별연고자에게 상속결격자에 준하는 사유가 없는 경우 가정법원은 재산 전부 또는 일부를 분여한다는 심판을 한다. 그러나 고인의 채무는 이들에게 승계되지 않는다.

특별연고자의 이 같은 권리는 상속되지 않는다.


## 상속결격자

법이 정한 상속순위에 해당하지만 다음의 사유에 해당하는 사람은 상속인(대습상속인 포함)이 될 수 없다.

- 고의로 직계존속, 고인, 그 배우자 또는 상속의 선순위나 동순위에 있는 사람을 살해하거나 살해하려고 한 사람
- 고의로 직계존속, 고인과 그 배우자에게 상해를 가하여 사망에 이르게 한 사람
- 사기 또는 강박으로 고인의 상속에 관한 유언 또는 유언의 철회를 방해한 사람
- 사기 또는 강박으로 고인에게 상속에 관한 유언을 하게 한 사람
- 고인의 상속에 관한 유언서를 위조·변조·파기 또는 은닉한 사람

위의 사유로 상속결격자가 된 사람의 상속은 원천 무효이며, 그의 상속순위와 상속분에 대하여는 그의 직계비속과 배우자가 대습상속인이 된다.

상속결격자는 상속개시 후에 발견되더라도 상속재산을 반환하여야 한다. 이때 진정한 상속인은 상속결격자를 상대로 그 침해를 안 날부터 3년, 상속권의 침해행위가 있는 날부터 10년 내에 상속회복청구권을 행사해야 한다.

# 상속의 승인과 포기

상속인이 상속재산을 조사한 뒤 물려받을 채무가 상속재산보다 많다면 상속을 포기하거나 한정승인 하는 것이 좋다.

◇ 상속재산의 조사 결과에 따르는 유리한 선택

| 상속재산의 조사 결과 | 유리한 선택 |
| --- | --- |
| 재산 〉 채무 | 단순승인 |
| 재산 ? 채무 | 한정승인 |
| 재산 〈 채무 | 상속포기 |

단순승인이란 상속의 효과를 거부하지 않는다는 의사표시이다. 상속인이 상속의 단순승인을 한 때에는 제한 없이 고인의 권리·

의무를 승계한다.

한정승인이란 상속인이 상속으로 취득하게 될 재산의 한도에서 고인의 채무와 유증을 변제할 것을 조건으로 상속을 승인하겠다는 의사표시이다. 상속인이 상속의 한정승인을 한 때에는 상속채무가 상속으로 얻게 되는 적극재산을 초과하는 경우에는 상속인 본인의 재산으로 이를 변제할 의무가 없다.

상속의 포기란 상속개시에 따라 고인에게 속하던 재산상의 권리·의무의 일체가 상속인에게 당연히 이전되는 상속의 효과를 거부하는 것이다. 상속인이 상속의 포기를 한 때에는 그는 처음부터 상속인이 아니었던 것이 된다.

## 상속의 단순승인

그러면 단순승인은 어떤 방식으로 해야 할까?

상속인이 한정승인 또는 상속포기를 하지 않으면 자연히 단순승인을 한 것이 된다. 그리고 다음의 행위가 있을 때에도 단순승인을 한 것이 된다.

- 상속인이 상속재산에 대한 처분행위를 한 때

(상속재산인 부동산을 다른 사람에게 팔고 등기를 넘겨준 경우, 상속재

산인 주식을 매각한 경우, 상속재산인 예금채권으로 자신의 빚을 갚은 경우 등)

• 상속인이 한정승인 또는 상속포기를 한 후에 상속재산을 은닉, 부정 소비, 고의로 재산목록에 기입하지 않은 때

하지만 상속인이 상속을 포기한 뒤 차순위 상속인이 상속을 승인한 때에는 상속포기자가 상속재산을 부정 소비하여도 상속의 승인이 되지 않는다.

단순승인 언제 하여야 할까?

상속인이 상속개시가 있음을 안 날로부터 3개월 내에 하여야 한다. 그러나 그 기간은 이해관계인 또는 검사의 청구에 의하여 가정법원이 연장할 수 있다.

상속인이 중대한 과실 없이 상속개시가 있음을 안 날로부터 3개월 내에 상속채무가 상속재산을 초과한다는 사실을 알지 못하고 단순승인을 할 수도 있다. 이런 때에는 상속인이 그러한 사실을 안 날부터 3개월 내에 단순승인을 한정승인으로 변경할 수 있다.

상속인이 제한능력자인 때에는 그의 친권자 또는 후견인이 상속개시가 있음을 안 날로부터 기산한다. 또 상속인이 승인하지 않고 상속개시가 있음을 안 날로부터 3개월 내에 사망한 때에는 그 (사망한 상속인)의 상속인이 자신의 상속개시가 있음을 안 날로부터 그 기간을 기산한다.

원칙적으로 상속의 승인은 취소하지 못한다. 상속개시가 있음을 안 날로부터 3개월 내의 기간이더라도 마찬가지이다. 다만 예외적으로 상속인이 착오·사기·강박에 의해 상속의 승인을 한 경우에는 취소할 수 있다. 그러나 그 취소권은 추인할 수 있는 날로부터 3개월, 승인한 날로부터 1년 내에 행사하지 않으면 시효로 인해 소멸된다.

## 상속의 한정승인

한정승인이란 상속인이 상속재산의 한도 내에서 고인의 채무와 유증을 변제할 것을 조건으로 상속을 승인하는 의사표시이다. 상속인이 여러 명일 때 각 공동상속인은 각자 한정승인을 할 수 있다.

상속인이 중대한 과실 없이 상속개시가 있음을 안 날로부터 3개월 이내에 상속채무가 상속재산을 초과하는 사실을 알지 못한 채 단순승인을 한 경우, 상속인은 그러한 사실을 안 날부터 3개월 내에 특별한정승인을 할 수 있다.

여기서 '중대한 과실'이란 상속인의 나이, 직업, 고인과의 관계, 친밀도, 동거 여부, 상속개시 후 생활 양상, 생활의 근거지 등 개별 상속인의 개인적 사정에 비추어 상속재산에 대한 관리의무를 현저히 결여한 것을 말한다.

한정승인은 상속재산의 목록을 첨부하여 상속개시지의 가정법원에 신고를 해야 한다. 특별한정승인도 가정법원에 신고를 해야 한다. 이 경우 상속재산 중 이미 처분한 재산이 있으면 그 목록과 가액을 함께 제출해야 한다.

상속인이 제한능력자인 때에는 그의 친권자 또는 후견인이 상속개시가 있음을 안 날로부터 기산한다. 또 상속인이 승인하지 않고 상속개시가 있음을 안 날로부터 3개월 내에 사망한 때에는 그 (사망한 상속인)의 상속인이 자신의 상속개시가 있음을 안 날로부터 그 기간을 기산한다.

가정법원이 한정승인 신고를 수리하더라도 고인의 채무는 여전히 유효하다. 상속인은 상속재산의 한도 내에서만 고인의 채무와 유증을 변제하면 되지만, 만약 임의로 채무를 변제하면 그 변제는 유효하다.

한정승인을 한 사람은 5일 내에 일반 상속채권자와 유증 받은 사람에 대하여 한정승인의 사실, 그리고 일정한 기간 내에 그 채권 또는 수증을 신고할 것을 공고해야 한다.

신고·공고 기간은 2개월 이상이어야 하며 공고의 절차와 방법은 민법 조항을 따라야 한다. 신고·공고 기간이 끝나면 상속재산으로 그 기간 내에 신고한 채권자, 그리고 자신이 알고 있는 채권자에 대하여 각 채권액의 비율로 변제해야 한다.

특별한정승인을 한 상속인은 남아 있는 상속재산과 함께 이미 처분한 재산의 가액을 합하여 변제를 해야 한다. 다만 특별한정승인을 하기 전에 상속채권자나 유증 받은 사람에 대해 변제한 가액은 이미 처분한 재산의 가액에서 제외한다.

한정승인의 취소의 절차와 방법은 원칙적으로 단순승인과 같다. 다만 한정승인 심판을 한 가정법원에 서면으로 신고하여야 한다.

## 상속포기

상속재산이 상속받을 채무보다 적을 것이 확실한 경우에는 상속인은 가정법원에 상속포기의 신고를 할 수 있다. 이는 상속인으로서의 자격을 포기하는 것으로 상속재산 전부의 포기만이 인정되며 일부 또는 조건부 포기는 허용되지 않는다.

포기할 때에는 상속개시가 있음을 안 날로부터 3개월 이내에 상속개시지의 가정법원에 포기의 신고를 해야 한다. 포기의 효과는 상속개시 시점으로 소급한다. 상속인이 여러 명인 경우에 어느 상속인이 상속을 포기한 때에는 그 상속분은 다른 상속인의 상속분의 비율에 따라 다른 상속인에게 귀속된다.

원칙적으로 상속인은 자신의 고유재산을 대하는 것과 같은 주의를 가지고 상속재산을 관리해야 한다. 즉 '선량한 관리자의 주의'를 기울일 필요까지는 없다. 그러나 상속을 포기하는 사람은 후속 상속인이 상속재산을 관리할 수 있을 때까지 그 재산을 계속 관리해야 한다.

상속의 포기를 취소하는 경우의 절차와 방법 등은 단순승인, 한정승인의 경우와 원칙적으로 같다.

# 24 상속분

## 법정상속분

상속분은 먼저 고인의 유언에 의하여 정해진다. 고인의 유언이 없는 경우에는 민법의 규정에 의하여 정해진다.

법적으로 유효한 유언증서가 있으면 유언의 내용을 지켜야 한다. 특히 유증(고인이 유언을 통해 무상으로 재산상의 이익을 주는 것)이 있는 경우에는 먼저 유증을 집행한 뒤 남은 재산으로 상속이 진행된다. 그러므로 상속에 앞서 고인의 유언증서를 찾아 그 내용을 확인해야 한다.

유증이 없거나 유증을 집행하고 나면, 상속인의 상속분은 통상

법정상속분을 따르게 된다. 민법은 동순위의 상속인이 여러 명인 때에는 모두 동일한 비율로 상속하도록 정하고 있다. 이와 관련하여 남녀, 노소, 기혼·미혼, 친자·양자·친양자 등 일체의 차별은 없다.

배우자의 상속분은 직계비속 또는 직계존속과 공동으로 상속하는 때에는 그 상속분에 5할을 가산한다.

예를 들면 다음과 같다.

- 고인에게 배우자가 없고 아들과 딸이 1명씩 있는 경우: 상속분은 각각 1/2
- 고인에게 배우자, 아들과 딸이 1명씩 있는 경우: 배우자 1.5, 아들 1, 딸 1의 비율에 따라 배우자 3/7, 아들과 딸은 각각 2/7
- 고인에게 배우자, 아들 1명, 시집 간 딸 1명, 시집 안 간 딸 1명이 있는 경우: 배우자 1.5, 아들 1, 시집 간 딸 1, 시집 안 간 딸 1의 비율에 따라 배우자 3/9, 자녀들은 모두 2/9
- 고인에게 배우자가 있으나 자녀는 1명도 없고 부모님 두 분만 계실 경우: 배우자 1.5, 아버님 1, 어머님 1의 비율에 따라 배우자는 3/7, 아버님과 어머님은 각각 2/7

혼인·입양 시에 상속인이 증여받은 것이 있으면 그것은 상속분의 계산에 산입된다. 대습상속인의 상속분은 피대습자의 상속분과 동일하다. 그 밖에 특별수익자의 상속분이 있다.

### 대습상속인의 상속분

사망·결격 상속인에 갈음하여 상속하게 되는 대습상속인의 상속분은 사망·결격 상속인의 상속분에 의한다.

사망·결격 상속인의 직계비속이 여러 명인 때에 각자의 상속분은 사망·결격 상속인의 상속분의 한도에서 법정상속분을 따른다. 즉, 같은 순위의 대습상속인이 여러 명인 때에는 그 상속분은 동일하다. 사망·결격 상속인의 배우자의 상속분은 직계비속 또는 직계존속과 공동 상속하는 때에는 각 상속분에 5할을 가산한다.

사망·결격 상속인의 직계비속이나 직계존속이 없는 경우에는 배우자가 단독으로 대습상속인이 되어 그 상속분을 모두 상속하게 된다.

예를 들어 고인에게 배우자, 딸 1명 외에 먼저 사망한 아들 1명이 있다고 하자. 그리고 사망한 아들에게 배우자(고인의 며느리)와 아들(고인의 손자) 1명이 있는 경우 상속인은 배우자와 딸, 고인의 며느리와 손자가 된다. 이때 며느리와 손자는 사망한 아들의 대습상속인이 되는 것이다.

상속분은 배우자가 직계비속인 딸, 사망한 아들보다 5할이 가산된 상속분을 가지므로 각자의 상속분은 각각 3/7, 2/7, 2/7이 된다. 그런데 대습상속인은 사망한 아들의 상속분(2/7)을 다시 법정상속분의 비율(며느리 1.5, 손자 1)로 공동 상속하게 되므로 며느리는 2/7×3/5=6/35의 상속분을 갖게 되고, 손자는 2/7×2/5=4/35의 상속분을 갖게 된다.

결국 고인의 재산은 다음과 같은 비율로 상속된다.

배우자: 3/7, 딸: 2/7, 며느리: 6/35, 손자: 4/35

### 특별수익자의 상속분

고인으로부터 생전에 재산을 증여받거나 유언장을 통해 유증을 받는 공동상속인은 그 특별수익을 상속분에서 제외한다.

그러면 어떤 생전 증여가 특별수익에 해당할까?

고인의 자산, 수입, 생활수준, 가정상황 등을 참작하고 공동상속인들 사이의 형평을 고려하여 그 증여가 장차 상속인으로 될 사람에게 돌아갈 상속재산 중의 그의 몫의 일부를 미리 주는 것이라고 볼 수 있는지에 의하여 결정해야 한다는 것이 대법원 판례이다.

통상적으로 자녀에게 생전에 증여한 결혼 준비자금(주택자금, 혼수비용 등), 자녀에게 생전에 증여한 독립자금, 자녀에게 생전에 지급한 학비(대학 이상의 고등교육 비용으로 다른 자녀에게는 증여되지 않은 교육비용), 유학자금 등이 특별수익에 해당한다고 본다.

공동상속인 중 특별수익자는 그 특별수익이 자신의 상속분에 달하지 못한 때에는 그 특별수익도 상속분에 포함시킨다. 따라서 특별수익자의 상속분은 다음 산식에 따라 계산한다. 여기서 상속재산의 가액은 적극재산의 전액을 가리킨다.

[특별수익자의 상속분]=[(상속재산의 가액+각 상속인의 특별수익의 가액)×각 상속인의 상속분율]-특별수익자의 특별수익 가액

예를 들어 배우자와 아들, 딸을 두고 사망한 고인이 생전에 아들에게 독립자금으로 5천만 원을 증여하였으며 사망 시 3억 원의 적극재산을 남겼다고 하자. 이 경우에 법정상속분은 배우자 1.5, 아들 1, 딸 1의 비율에 따라 각각 3/7, 2/7, 2/7이 된다.

따라서 각자의 상속액은 다음과 같다.

- 배우자: (3억 원+5천만 원)×3/7-0원 = 1억 5천만 원
- 아들: (3억 원+5천만 원)×2/7-5천만 원 = 5천만 원
- 딸: (3억 원+5천만 원)×2/7-0원 = 1억 원

특별수익이 상속분을 초과하는 경우 특별수익자는 특별수익을 반환할 의무는 없다. 다른 공동상속인은 유류분 제도를 통해 자신의 이익을 보호받을 수 있을 뿐이다.

기여자의 상속분 ―

공동상속인 중에서 상당한 기간 동거·간호, 그 밖의 방법으로 고인을 특별히 부양하거나 고인의 재산의 유지·증가에 특별히 기여한 사람은 자신의 상속분 이외에 기여분을 별도로 가질 수 있다.

예를 들면 고인이 경영하는 사업에 무상으로 노무를 제공하거나, 자신의 재산을 제공하여 상속재산의 유지·형성에 기여한 사람이 그 대상이 될 수 있다. 또는 통상적인 정도를 뛰어넘는 부양·간호를 제공해 상속재산을 유지한 사람도 해당한다. 예를 들어 요양·간호의 비용을 기여자가 부담하여 상속재산의 손실이 없었던 경우이다.

배우자의 가사노동은 부부의 동거·부양·협조의 의무에 해당하므로 특별한 기여에 해당하지 않는다.

기여분은 공동상속인 간의 협의로 결정하는 것이 원칙이다. 협의가 이루어지지 않을 때에 기여자는 가정법원에 기여분의 결정을 청구할 수 있다. 그러면 가정법원은 기여의 시기·방법·정도와 상속재산의 가액, 그 밖의 사정을 고려하여 기여분을 정한다.

기여분은 고인의 재산가액에서 유증의 가액을 공제한 액수를 넘을 수 없다. 이때 상속재산은 고인의 재산가액에서 기여분을 공제한 것으로 한다.

예를 들어 배우자와 아들, 딸이 있는 사람이 불치병으로 투병하다가 사망하였다고 하자. 이때 딸이 고인의 치료비를 부담하며 사망 시까지 극진히 간호하였다면 딸은 상속에 대한 기여분을 주장할 수 있다.

고인이 남긴 재산의 가액이 3억 3천만 원이며 유족들이 기여분을 5천만 원으로 하기로 합의했다면 상속재산은 2억 8천만 원이 된다. 따라서 각자의 상속분은 배우자 1.5, 아들 1, 딸 1의 비율에 따라 다음과 같아진다.

- 배우자: (3억 3천만 원-5천만 원)×3/7 = 1억 2천만 원
- 아들: (3억 3천만 원-5천만 원)×2/7 = 8천만 원
- 딸: (3억 3천만 원-5천만 원)×2/7+5천만 원 = 1억 3천만 원

## 법이 보장하는 최소한의 상속분

고인이 증여나 유증을 통해 상속재산을 특정인에게 몰아주는 경우에도 상속인은 법적으로 최소한의 상속분을 보장받을 수 있다. 그 제도가 유류분 제도이다.

유류분(遺留分)이란 상속재산 중에서 상속인 등의 특정인에게 반드시 돌아가도록 되어 있는 몫을 말한다. 민법은 유언을 통한 재

산 처분의 자유를 인정하고 있으므로, 고인이 유언으로 타인이나 상속인 일부에게만 유증을 하면 특정 상속인에게는 상속재산이 이전되지 않을 수 있다.

이렇게 되면 가족생활의 안정을 해치고, 고인 사망 후 특정 상속인의 생계가 위협받을 수 있다. 이런 불합리를 막고 모든 상속인의 생활을 보장하기 위해 유류분 제도가 존재한다.

유류분율은 다음과 같다.

◇ 유류분 권리자의 법정 유류분율

| 순서 | 유류분 권리자 | 유류분율 |
|---|---|---|
| 1 | 직계비속 | 법정상속분 × 1/2 |
| 2 | 직계존속 | 법정상속분 × 1/3 |
| 3 | 형제자매 | 법정상속분 × 1/3 |
| 특별순위 | 배우자<br>(1순위 또는 2순위와 함께 권리를 갖는다) | 법정상속분 × 1/2 |

유류분을 가지는 사람은 고인의 직계비속, 직계존속, 형제자매 또는 배우자인 상속인이다. 따라서 방계혈족인 상속인은 유류분을 가지지 못한다. 태아 및 대습상속인도 유류분권이 있으나, 상속을 포기한 사람은 상속인이 아니므로 유류분반환청구를 할 수 없다.

유류분은 상속개시 시 고인의 재산의 가액에 증여재산의 가액을 가산하고 채무의 전액을 공제하여 산정한다. 반환 의무자가 증여받은 재산의 시가도 상속개시 당시를 기준으로 산정해야 한다. 유류분액의 계산은 다음의 방법에 의한다.

[유류분액]=[(적극 상속재산액+증여액-상속채무액)×(각 상속인의 유류분율)]-특별수익액

유류분 권리자는 유류분의 부족한 한도에서 그 재산의 반환을 청구할 수 있다. 이때 고인이 한 증여는 상속개시 전 1년 이내의 것이어야 하는 것이 원칙이나 상속인에 대한 증여, 또는 유류분이 침해되는 것을 알고 행한 증여는 기간의 제한이 없다.

대습상속인도 보통의 상속인과 마찬가지로 유류분 권리자가 된다. 대습상속인의 상속분은 상속을 받을 수 있었던 사람의 상속분만큼 상속받게 되므로 유류분액도 이를 기준으로 계산한다.

반환청구의 상대방은 자신의 유류분액을 침해하여 유증 또는 증여를 받은 사람이다. 반환청구는 재판상 또는 재판 외의 방법으로 할 수 있으며, 재판상의 방법으로 하는 경우에는 민사소송절차에 따라 진행된다.

반환청구는 먼저 '유증'을 대상으로 하여야 하며 그래도 부족분이 있으면 '증여'를 대상으로 한다. '유증'이 있음에도 먼저 '증여'를 대상으로 반환청구를 할 수는 없다. 이 경우 증여 받은 사람이 여러 명인 때에는 각자가 얻은 증여가액의 비례로 반환해야 한다.

예를 들어 세 아들을 둔 고인이 생전에 장남에게 5억 원, 차남에게 4억 원을 증여하였다. 그러나 막내에게는 전혀 증여하지 않았으며 남긴 상속재산이 0원이라고 하자.

이 경우 막내의 법정상속분율은 1/3이며 유류분율은 그 법정상속분율에 1/2을 곱한 1/6이다. 따라서 막내의 유류분 침해액은 9억 원(장남과 차남에게 증여한 금액의 합)에 1/6을 곱한 1억 5천만 원이 된다.

그러므로 막내는 장남과 차남이 각각 증여받은 가액의 비율 (5:4)에 따라, 유류분 침해액 1억 5천만 원 중 5/9인 83,333,333원은 장남에게, 4/9인 66,666,667원은 차남에게 반환청구를 해야 한다.

반환청구권은 유류분 권리자가 상속의 개시와 반환해야 할 유증 또는 증여 사실을 안 때부터 1년 이내에 하지 않으면 시효에 의하여 소멸한다. 상속이 개시된 때부터 10년이 경과한 때에도 시효에 의해 소멸한다.

그러나 현실적으로 유류분반환청구는 매우 복잡한 소송이므로 가급적 피하는 것이 좋다. 이 소송을 위해서는 상속재산을 구체적으로 특정해야 하며 고인이 생전에 미리 증여한 재산, 기여분 등도 반영해야 한다. 결국 소송의 내용이 복잡하게 얽혀 금전적, 시간적 지출이 과다 발생한다.

따라서 유류분반환청구를 원하는 유족은 먼저 침해를 받은 유증 또는 증여 행위를 지정하여, 이에 대한 반환청구의 의사를 다른 상속인에게 표시하면 된다. 이를 바탕으로 우선 당사자 간에 합의를 시도해 보고, 여의치 않을 경우 소송을 제기하는 것이 순서이다.

# 상속재산의 분할

## 분할의 원칙

상속이 개시되면 상속인이 여러 명인 때에 상속재산은 우선적으로 공동상속인의 공유가 된다. 이는 상속재산의 분할이 이루어지기 전의 잠정적인 상태이다.

이때에는 민법의 공유 조항(제262조~제270조)이 그대로 적용된다.

즉, 공동상속인은 그 지분을 처분할 수 있고 상속재산 전부를 지분의 비율로 사용·수익할 수 있으며, 다른 공유자의 동의 없이 공동상속재산을 처분하거나 변경하지 못하고, 공동상속재산의 관리에 관한 사항은 공동상속인의 지분의 과반수로써 결정하며, 보존행위는 각자가 할 수 있다 등이다.

상속재산의 분할에는 공동상속인 전원이 참여해야 한다. 이 밖에 분할을 청구할 수 있는 사람에는 포괄수유자(유언에 의해 상속재산의 전부 또는 일부를 유증 받는 사람), 공동상속인의 상속인, 상속분의 양수인, 상속인의 채권자 등이 있다.

원칙적으로 모든 상속재산은 분할할 수 있다. 다만 금전채권·채무와 같이 나눌 수 있는 채권·채무는 상속개시와 동시에 법정상속분에 따라 공동상속인에게 분할되어 승계된다. 상속재산의 평가는 분할 시 또는 분할심판 시를 기준으로 한다.

상속재산 분할은 지정분할, 협의분할, 심판분할 등 세 가지 방법에 의해 이루어진다.

먼저 지정분할이란 고인이 상속재산의 분할방법을 유언으로 정한 경우 또는 유언으로 상속인 외의 제3자에게 분할방법을 정할 것을 위탁하는 경우에 적용되는 분할이다. 지정분할에는 다음과 같은 세부 분할방법이 있다.

•대금분할: 상속재산을 환가처분한 후에 그 가액을 상속인들이 나누는 것

•현물분할: 개개의 재산을 있는 그대로의 상태로 상속인들이 나누어 가지는 것

•가격분할: 공동상속인 중 한 사람이 다른 사람의 지분을 매수

하여 그 가액을 지급하고 단독소유자가 되는 것

공동상속인이 협의하여 분할할 때에는 당사자 전원의 합의가 있으면 되며 그에 관한 특별한 방식은 불필요하다. 대금분할, 현물분할, 가격분할을 따를 수도 있고 이를 절충하는 방법을 사용하여도 된다.

협의분할은 일종의 계약으로 상속인들 사이에 구두로 할 수도 있지만 분쟁을 피하기 위해 분할협의서를 작성하는 것이 좋다. 공동상속인 중 한 사람이 미성년자인 경우에는 미성년자의 보호를 위해 특별대리인을 선임하여야 한다.

공동상속인들 사이에 협의가 이루어지지 않으면 가정법원의 심판을 통해 상속재산을 분할할 수도 있다. 분할심판은 공동상속인 중 한 사람 또는 여러 사람이 나머지 공동상속인 전원을 상대로 청구하여야 한다.

상속재산의 분할은 상속개시 때로 소급하여 그 효력이 있으나 제3자의 권리를 침해하지는 못한다.

즉, 공동상속인은 분할로 취득한 상속재산을 상속이 개시된 때부터 소유하고 있는 것이 된다. 따라서 상속개시 때부터 상속재산 분할 시 사이에 상속재산에 대해 이미 권리를 취득(소유권·저당권 등에 관한 등기)한 제3자의 권리에는 영향을 미치지 못한다는 것이다.

만약 상속권이 없는 사람이 속임수로 상속한 경우에는 상속인 또는 그 법정대리인은 그 참칭상속인에게 상속회복청구권을 행사하여 상속권을 회복할 수 있다. 이 상속회복청구권은 그 침해를 안 날부터 3년, 상속권의 침해행위가 있은 날부터 10년 내에 행사해야 한다.

하지만 상속재산 분할은 유언 또는 합의로 금지할 수 있다.

고인이 유언으로 상속재산의 전부나 일부에 관하여 또는 상속인의 전원이나 일부에 대하여 분할을 금지한 경우에는 상속재산을 분할할 수 없다. 다만 그 분할금지기간이 5년을 초과할 때에는 그 분할금지기간은 5년으로 단축된다.

공동상속인은 5년 이내의 기간에서 분할하지 않을 것을 약정할 수 있다. 이러한 분할금지의 합의는 다시 5년에 한하여 갱신할 수 있다.


## 분할협의서 작성법

통상적으로 장례를 치르면 유족들은 큰 슬픔 때문에 재산 상속에 관해 이야기하기를 꺼린다. 그러나 장례가 끝나면 유족들이 헤어져야 하는 경우가 많기 때문에 다시 만나기가 쉽지 않을 수도 있다. 따라서 상속인들이 다 모였을 때 재산 분할에 관해 대략적인 협의를 해두는 것이 좋다.

◇ **분할협의서의 사례**

**상속재산분할협의서**

20 년 월 일 ○○시 ○○군 ○○동 ○○○의 사망으로 인하여 개시한 상속에 있어 공동상속인 ○○○, ○○○, ○○○ 등은 다음과 같이 상속재산을 분할할 것을 협의 한다.

1. 상속재산중 채권 ○○○원은 ○○○의 소유로 한다.
1. 상속재산중 주식회사 ○○의 주식 ○○○주는 ○○○의 소유로 한다.
1. 상속재산중 ○○시 ○구 ○○동 ○○대 ○○㎡는 ○○○의 소유로 한다.

위 협의를 증명하기 위하여 협의서 3통을 작성하고 아래와 같이 서명 날인하여 각 1통 씩 보유한다.

20 년 월 일

성 명 :　　　　　(인)
주민등록번호 :
주 소 :
성 명 :　　　　　(인)
주 소 :
성 명 :　　　　　(인)
주민등록번호 :
주 소 :

분할협의서는 임의로 작성할 수 있지만 다음의 사항이 포함되어야 한다.

- 상속재산을 협의분할한다는 취지
- 고인의 성명, 생년월일(또는 주민등록번호)
- 공동상속인 전원의 성명, 주소
- 부동산의 표시(부동산 등기부상의 표시부를 그대로 표시해야 한다)
- 각 상속인별 분할 결과(특정 재산을 공동소유하는 경우에는 그 지

분을 표시한다)

분할협의서는 등기를 위해 필요하므로 예금, 귀금속, 동산은 포함하지 않아도 된다.

그러나 부동산에 제한물권이 설정되어 있는 경우, 부동산 일부에 부채가 있는 경우에는 그 부담의 책임자를 표시할 수 있다. 또 부동산 상속에 따르는 조건이 있는 경우에는 그 조건도 표시할 수 있다.

분할협의서의 내용은 컴퓨터로 작성할 수 있으나 인감도장은 반드시 해당 상속인이 직접 날인해야 한다. 그리고 분할협의서는 기한이 없으나 복사본은 법적 효력이 없다.

공동상속인 중 일부가 임의로 상속의 포기 의사를 밝힌 경우에 분할협의서에는 포기한다는 내용을 적는 것이 아니라 대상 물건을 누구의 소유로 한다는 내용을 적는다. 그리고 포기 의사를 밝힌 공동상속인들도 인감도장으로 날인해야 하며 이들의 인감증명서도 첨부해야 한다.

그러나 법원에서 상속포기가 확정된 경우에는 상속을 포기한 사람을 제외하고 분할협의서를 작성하면 된다. 그리고 상속포기한 사람의 상속포기 심판문 등을 첨부하면 된다.

# 26

# 상속세

상속인은 상속세를 내야 한다.

하지만 일반적으로 국내 거주자가 사망할 경우 배우자와 자녀가 있으면 최소 10억 원, 자녀만 있으면 최소 5억 원의 상속공제가 가능하다. 이를 달리 설명하면, 상속재산이 5억 원 또는 10억 원보다 적으면 상속세를 내지 않을 수 있다는 말이다.

그러나 요즘 서울의 웬만한 아파트 한 채 가격이 5억 원을 넘기는 경우가 적지 않다. 따라서 서울에서 웬만한 아파트 한 채와 약간의 금융재산을 가지고 있는 사람이 배우자 없이 사망하면 유족들은 상속세로부터 자유로울 수 없다. 즉, 더 이상 상속세는 일부 부자들만의 세금이라고 할 수 없게 되었다.

## 과세가액 산정

상속세 산정을 위해서는 먼저 다음 산식에 따라 '상속세 과세가액'을 산정해야 한다.

[상속세 과세가액]=상속재산-(공과금·장례비용·채무액)+상속개시 전 증여재산 가액+추정 상속재산 가액-비과세 재산 가액-과세가액 불산입 재산

- '상속재산'은 금전으로 환산할 수 있는 경제적 가치가 있는 모든 물건과 재산적 가치가 있는 법률상 또는 사실상의 모든 권리를 지칭한다. 보험금·신탁재산·퇴직금 등 상속 간주 재산도 포함한다. 그 가치는 상속개시일 당시 시가에 따른다. 다만 고인의 일신 전속(專屬)으로 고인의 사망에 의해 소멸되는 것은 제외한다.

- '공과금'이란 상속개시일 현재 고인이 납부할 의무가 있는 것으로서 상속인에게 승계된 조세·공공요금 및 이와 유사한 것을 말한다.

- '장례비용'이란 고인의 사망일로부터 장례일까지 장례에 직접 소요된 금액이다. 이때 그 금액이 500만 원 미만인 경우에는

500만 원으로 하고 그 금액이 1천만 원을 초과하는 경우에는 1천만 원으로 한다. 여기에 봉안시설 또는 자연장지(自然葬地)의 사용에 소요된 금액도 포함한다. 이 경우 그 금액이 500만 원을 초과하면 500만 원으로 한다.

● '채무'란 상속인이 실제로 부담한다는 사실이 증명되는 것을 말한다. 먼저 국가와 지방자치단체 및 금융회사 등에 대한 채무는 해당 기관의 확인서, 그 밖의 채무는 채무부담계산서, 채권자확인서, 담보설정 및 이자지급에 관한 증빙 등에 따라 그 사실을 확인할 수 있는 서류가 있어야 한다. 다만 상속개시일 전 10년 이내에 고인이 상속인에게 진 증여채무와 상속개시일 전 5년 이내에 고인이 상속인이 아닌 자에게 진 증여채무는 제외된다.

● '상속개시 전 증여재산 가액'은 상속개시일 전 10년 이내에 고인이 상속인에게 증여한 재산 가액 및 5년 이내에 고인이 상속인 아닌 사람에게 증여한 재산 가액 등을 말한다. 이는 사전 증여를 통한 상속세 회피를 막기 위한 조치이다.

● '추정 상속재산 가액'은 고인이 사망 전 1년 이내에 2억 원 이상, 사망 전 2년 이내에 5억 원 이상을 처분하였거나 부담한 채무

로서 용도가 객관적으로 명백하지 않은 금액을 말한다. '용도가 객관적으로 명백하지 않은 경우'란 다음과 같다.

•거래 상대방의 거래증빙이 없어 확인되지 않는 경우

•거래 상대방이 금전 등의 수수 사실을 부인하거나 거래 상대방의 재산상태 등으로 보아 금전 등의 수수 사실이 인정되지 않는 경우

•거래 상대방이 고인의 특수관계인이어서 사회통념상 지출 사실이 인정되지 않는 경우

•고인이 재산을 처분하거나 채무를 부담하고 받은 금전 등으로 취득한 다른 재산이 확인되지 않는 경우

•고인의 연령·직업·경력·소득 및 재산상태 등으로 보아 지출 사실이 인정되지 않는 경우


●공제 대상이 되는 '비과세 재산 가액'에는 다음 것들이 포함된다.

•전사 및 이에 준하는 사망 또는 전쟁 및 이와 유사한 공무로 사망한 고인의 모든 재산

•국가, 지방자치단체, 그 밖에 공공단체에 유증한 재산

•문화재보호구역의 토지

•분묘에 속한 $9,900m^2$ 이내의 금양임야(나무나 풀 따위를 함부로

베지 못하도록 되어 있는 임야)와 1,980m² 이내의 묘토인 농지(그 재산가액 합계액이 2억 원을 초과할 때에는 2억 원)

　• 족보와 제구(그 재산가액 합계액이 1천만 원을 초과할 때에는 1천만 원 이내)

　• 정당에 유증 등을 한 재산

　• 사내근로복지기금이나 그 밖에 이와 유사한 것으로서 우리사주조합 및 근로복지진흥기금에 유증 등을 한 재산

　• 사회통념상 인정되는 이재구호금품, 치료비 그 밖에 이와 유사한 것으로서 불우한 사람을 돕기 위하여 유증한 재산

　• 상속재산 중 상속인이 신고기한 이내에 국가·지방자치단체 또는 공공단체에 증여한 재산


　● '과세가액 불산입 재산'이란 고인 또는 상속인이 공익법인 출연재산 가액 등이다.


### 과세표준 산정

앞에서 산출한 '상속세 과세가액'을 바탕으로 다음과 같이 '상속세 과세표준'을 산정한다.

[상속세 과세표준]=상속세 과세가액 - 상속공제 - 감정평가 수수료

● '상속공제'의 구체적 내용은 다음의 표와 같다.

◇ 상속공제의 세부 내역

| 상속공제 | | 공제금액 | 공제한도 |
|---|---|---|---|
| 기초공제 | 기초공제 | 2억 원 | |
| | 가업상속공제 | 가업상속 재산가액 | 가업 영위기간에 따라 200억~500억 원 |
| | 영농상속공제 | 영농상속 재산가액 | 5억 원 |
| 인적공제 | 자녀공제 | 1인당 3천만 원 | 인원수 제한 없음 |
| | 미성년자공제 | 20세가 될 때까지의 연수×5백만 원 | 인원수 제한 없음 |
| | 연로자공제 | 1인당 3천만 원 | 인원수 제한 없음 |
| | 장애인공제 | 기대여명 연수×5백만 원 | 인원수 제한 없음 |
| 일괄공제 | | 5억 원 | (기초공제+인적공제)와 일괄공제 중 큰 금액 |
| 배우자 상속공제 | 배우자가 5억 원 이상 상속받은 경우 | (실제 상속받은 금액)과 (상속세 과세가액×법정상속분) 중 작은 금액 | 30억 원 |
| | 실제 상속받은 금액이 없거나 5억 원 미만인 경우 | 5억 원 | |
| 금융재산 상속공제 | 순금융재산 2천만 원 초과 | 순금융재산의 20% 또는 2천만 원 중 큰 금액 | 2억 원 |
| | 순금융재산 2천만 원 이하 | 순금융재산 가액 | |
| 재해손실공제 | | 순손실 가액-보험금 등 | |
| 동거주택상속공제 | | 상속주택 가액의 40% | 5억 원 |

- 기초공제: 2억 원을 공제하되 가업상속 및 영농상속의 경우에는 추가 공제한다.
  - 가업상속은 고인이 중소기업 등을 10년 이상 계속 경영한 경우이며 공제한도는 가업의 영위기간에 따라 200억~500억 원이다.
  - 영농상속은 2년 전부터 고인이 영농에 사용한 재산 전부를 영농에 종사하는 상속인이 상속받는 경우에 해당하며 공제한도는 5억 원이다.
  - 가업상속, 영농상속의 경우 상속인이 10년(영농상속은 5년) 이내에 정당한 사유 없이 공제받은 재산을 처분하거나 가업(영농)에 종사하지 않으면 공제금액을 상속개시 당시의 과세가액에 산입해 상속세가 다시 부과된다.
- 기타 인적공제: 자녀공제, 미성년자공제, 60세 이상인 사람에 대한 공제, 장애인 공제 등이 있다.
- 일괄공제: 기초공제 2억 원과 기타 인적공제를 각 항목별로 공제받지 않고 일괄적으로 5억 원을 공제받을 수도 있다.
- 배우자 상속공제: 배우자가 실제 상속받은 금액이 5억 원 이상이면 실제 상속받은 금액을, 5억 원 미만이면 5억 원을 공제한다.
- 금융재산 상속공제: 상속재산 가액 중 금융재산의 가액이 포함되어 있는 경우 순금융재산의 가액(금융재산 가액에서 금융채무를 차감한 가액) 내지 최고 2억 원까지를 공제한다.

• 재해손실공제: 상속개시일이 속하는 달의 말일부터 6개월 이내에 화재·붕괴·폭발·환경오염 사고 및 자연재해 등으로 인하여 상속재산이 멸실·훼손된 경우 그 손실가액을 공제한다.

• 동거주택 상속공제: 거주자의 사망으로 인하여 상속이 개시되는 경우로서 다음 세 가지 조건을 모두 충족하면 주택가액의 100분의 40에 상당하는 금액을 공제한다.

① 고인과 상속인(직계비속에 한정)이 상속개시일로부터 소급하여 10년 이상 계속하여 한 주택에서 동거

② 상속개시일로부터 소급하여 10년 이상 계속하여 1세대 1주택에 해당

③ 상속개시일 현재 무주택자인 상속인(직계비속에 한정)이 상속받은 주택인 경우

●이들 공제금액의 합계액은 '공제적용 한도액'까지만 공제된다. 상속세 과세가액이 5억 원 미만이라도 공제적용 한도액으로 인해 상속세를 납부해야 하는 경우도 있으므로 반드시 공제적용 한도액을 계산해 보아야 한다.

[공제적용 한도액]=상속세 과세가액-비상속인에게 유증(증여채무 이행 중인 재산 포함)한 재산가액-상속포기로 차순위 상속인이 상

속받은 재산의 가액-상속세 과세가액에 가산하는 증여재산

● '감정평가 수수료'란 상속세의 신고·납부를 위해 상속재산을 평가하는 데 소요되는 수수료를 말한다.

## 산출세액 산정

앞에서 산출한 '상속세 과세표준'에 세율을 곱하고 누진공제액을 빼면 '산출세액'이 나온다.

[산출세액]=상속세 과세표준×세율-누진공제액

◇ 상속세 과세표준별 세율과 누진공제액

| 과세표준 | 1억 원 이하 | 5억 원 이하 | 10억 원 이하 | 30억 원 이하 | 30억 원 초과 |
|---|---|---|---|---|---|
| 세율 | 10% | 20% | 30% | 40% | 50% |
| 누진공제액 | 없음 | 1천만 원 | 6천만 원 | 1억 6천만 원 | 4억 6천만 원 |

앞의 공식과 표에 따라 상속세 과세표준이 4억 원인 경우의 상속세 산출세액을 구해 보자. 4억 원은 20%의 세율이 적용되므로 8천만 원의 세액이 나오는데 여기서 1천만 원을 누진공제 받으므로

산출세액은 7천만 원이 된다.

## 자진납부할 상속세

자진납부할 상속세액은 다음의 공식을 따른다.

[자진납부할 세액]=산출세액+세대생략 할증세액-세액공제 등-연부연납·물납세액

- '세대생략 할증세액'은 세대를 건너뛴 상속에 대한 할증과세이다.

즉, 상속인 또는 수유자(유증 받는 사람)가 고인의 자녀를 제외한 직계비속인 경우에 적용된다. 상속세 산출세액에 상속재산 중 해당 상속인 또는 수유자가 받는 재산이 차지하는 비율을 곱하여 계산한 금액의 100분의 30(해당 상속인 또는 수유자가 미성년자이면서 상속받는 재산의 가액이 20억 원을 초과하는 경우에는 100분의 40)에 상당하는 금액을 가산한다. 다만 대습상속의 경우에는 제외한다.

- '세액공제 등'에는 다음이 포함된다.
- 증여세액공제: 상속재산에 가산된 증여재산에 대한 증여세

산출세액이 있는 경우

　• 외국납부세액공제: 외국에 있는 상속재산으로서 외국법령에 의한 상속세를 부과받은 경우

　• 단기재상속세액공제: 상속개시 후 10년 이내에 상속인 또는 수유자의 사망으로 다시 상속이 개시되는 경우

　• 신고세액공제: 민법 제67조의 규정에 의하여 상속세과세표준을 신고한 경우


● 분할납부, 연부연납, 물납

상속세액은 2회 이상 나누어 낼 수 있는데 2회로 나누어 내는 방식(분할납부)과 장기간에 걸쳐 나누어 내는 방식(연부연납)이 있다.

납부할 금액이 1천만 원을 초과하는 경우에는 납부할 금액의 일부를 납부기한이 지난 후 2개월 이내에 이자 부담 없이 분할납부할 수 있다.

　• 납부할 세액이 2천만 원 이하인 경우: 1천만 원을 초과하는 금액

　• 납부할 세액이 2천만 원을 초과하는 경우: 납부할 세액의 1/2 이하의 금액

납부할 세액이 2천만 원을 초과하는 경우에는 세무서에 담보를 제공하고 각 회분 분납세액이 1천만 원을 초과하도록 기간(가업상

속이 아닌 경우 연부연납 허가일로부터 5년 이내)을 정하여 연부연납할 수 있다.

상속받은 재산 중 부동산과 유가증권의 가액이 전체 재산가액의 1/2을 초과하고 납부세액이 2천만 원을 초과하는 경우에는 현금 대신 상속받은 부동산이나 유가증권으로 세금을 낼 수 있다(물납).

## 상속세 신고

상속인 또는 수유자(유증을 받은 사람)는 자진납부세액을 상속개시일이 속하는 달의 말일부터 6개월 이내에 상속세의 과세표준가액 및 과세표준을 고인의 주소지 관할 세무서장에게 신고해야 한다. 고인이나 상속인 전원이 해외 거주자인 경우에는 같은 방식으로 9개월 이내에 신고해야 한다.

상속재산이 10억 원(배우자와 자녀가 유족인 경우) 또는 5억 원(자녀만 유족인 경우) 미만으로 납부할 상속세가 없으면 상속세 신고를 하지 않아도 불이익은 없다. 하지만 세무전문가들은 이런 경우에도 상속세 신고를 해두는 것이 유리한 때가 많다고 조언한다.

가령 상속재산이 토지나 건물 등 부동산인 경우 상속세 신고를 하지 않고 처분하면 취득가액은 상속개시 당시의 기준시가가 된다. 하지만 기준시가보다 높은 감정가액이나 당시 시가로 상속세 신고를 했다면 취득가액이 높아지므로 양도세 부담이 크게 줄어들 수 있다. 하지만 상속재산이 1가구1주택 비과세 대상인 주택이라면 굳이 상속세 신고를 해 상속세를 낼 필요가 없다.

또 상속인은 상속재산을 대충 파악해 상속세를 낼 필요가 없다고 섣부른 판단을 할 수 있다. 하지만 나중에 사전증여나 보험금, 퇴직금 등 미처 생각지 못한 상속재산이 드러나 가산세까지 무는 일이 생길 수가 있으므로 세심하게 신고하는 것이 유리한 경우도 있다.

상속세 신고의 경우 상속세 과세표준의 계산에 필요한 상속재산의 종류·수량·평가가액·재산분할 및 각종 공제 등을 입증할 수 있는 서류를 첨부해야 한다. 신고에 필요한 서류는 다음과 같다.

- 상속세 과세표준신고 및 자진납부계산서
- 상속재산명세서 및 그 평가명세서
- 고인 및 상속인의 가족관계증명서
- 공과금·장례비·채무사실을 입증하는 서류
- 감정평가 수수료 지급서류(상속재산을 감정평가 의뢰한 경우)
- 상속재산 분할명세서 및 그 평가명세서(상속재산을 분할한 경우)
- 기타 상속세 및 증여세법에 의하여 제출하는 서류(가업상속공제신고서 등)

신고기한 내에 신고서를 제출하면 납부해야 할 상속세액의

◇ 상속세 과세표준신고 및 자진납부계산서 서식

[상속세 과세표준신고 및 자진납부계산서 양식 이미지]

10%를 공제받을 수 있다.

만약 법정 신고기간 내에 과세표준신고서를 제출하지 않으면 (예정신고나 중간신고를 하지 않은 경우)에는 납부해야 할 세액의 20%

에 상당하는 금액을 가산세로 납부해야 한다. 부당한 방법으로 이를 신고하지 않은 경우에는 무신고납부세액의 40%에 상당하는 금액을 가산세로 납부해야 한다.

상속세는 난이도가 높은 세금 신고로 고려해야 할 요소가 많으므로 일반인은 자칫 실수하기 쉽다. 따라서 세무사 등 전문가의 도움이 받는 것이 여러모로 편리하고 안전하다.

### 상속세 납부

상속인이 여러 명인 경우에는 상속세 산출세액에 각자의 상속비율을 곱한 세액을 각자 부담하여야 한다.

가령 배우자와 자녀 1명, 수유자 1명이 있어 각각의 상속비율이 3/7, 2/7, 2/7이고 상속세 산출세액이 700만 원이라고 하자. 이때에 배우자는 300만 원, 자녀와 수유자는 각각 200만 원의 세금을 각자 납부해야 한다.

다만 공동상속인 또는 수유자는 각자가 상속받는 재산을 한도로 연대하여 상속세액을 납부할 의무를 진다. 따라서 공동상속인 중 일부가 상속세를 체납하면 나머지 공동상속인 등이 여전히 납세의무를 진다.

하지만 공동상속인 중 1명이 모든 상속세를 납부한 경우에 나머지 공동상속인 등에게 대리 납부에 대한 증여세가 부과되지는 않는다.

상속세액의 일부는 신용카드로도 납부할 수 있다. 1천만 원 이하는 금융결제원 홈페이지 www.cardrotax.or.kr 및 전국 세무관서에 설치된 신용카드 단말기에서 납부할 수 있다. 다만 납부대행 수수료(납부세액의 1.0%)는 납세자가 부담해야 한다.

신고기한 내에 상속세를 납부하지 않거나 납부한 세액이 부족한 경우에는 납부불성실가산세액을 가산하여 납부해야 한다. 납부불성실가산세액의 계산방식은 다음과 같다.

[납부불성실가산세액]=납부하지 않은 세액 또는 미달한 세액×납부기한의 다음 날부터 자진납부일 또는 납세고지일까지의 기간×10,000분의 3

상속세와 관련된 구체적인 법령 및 신고서·납부서 작성방법 등에 대하여는 국세청 '세미래 콜센터'에서 세무상담을 받을 수 있다. (전화) 126번→1번→7번

# 27 취득세

## 부과대상과 세액

부동산, 차량, 골프회원권, 콘도미니엄회원권 등을 상속받은 경우에는 취득세를 납부해야 한다. 취득세란 해당 과세물건의 소재지의 시·도에서 그 취득자에게 부과하는 지방세이다.

따라서 상속세는 없더라도 취득세가 발생하는 일이 흔하다. 다만 취득세도 면제는 아니지만 감면 받는 대상에 해당할 수 있으므로 반드시 확인이 필요하다.

취득세가 부과되는 대상은 부동산, 차량, 기계장비, 입목, 항공기, 선박, 광업권, 어업권, 골프회원권, 승마회원권, 콘도미니엄회원권, 종합체육시설 이용회원권, 요트회원권 등이다.

취득세액은 다음과 같이 산출한다.

[취득세액]=과세표준(취득 당시의 가액)×세율

여기서 과세표준은 취득 당시 가액으로 하고 취득 당시의 가액은 취득자가 신고한 가액에 따른다. 다만 신고 또는 신고가액의 표시가 없거나 그 신고가액이 시가표준액보다 작을 때에는 그 시가표준액으로 한다. 따라서 특별한 사정이 없는 한 시가표준액을 과세표준으로 잡으면 된다.

세율은 과세물건에 따라 달라진다.
- 부동산: 표준세율은 농지 23/1,000, 나머지는 28/1,000
- 비영업용 승용차: 70/1,000이나 경차는 40/1,000
- 골프회원권, 승마회원권, 콘도미니엄 회원권, 종합체육시설 회원권 등: 표준세율은 20/1,000
- 별장, 골프장, 고급 주택, 고급 오락장 등에 해당하는 부동산: 앞의 표준세율에 중과세 기준세율(20/1,000)의 4배를 더한 세율을 적용해 취득세액 산출

하지만 취득세 세율은 표준세율의 100분의 50의 범위에서 조례에 의해 가감될 수 있다. 따라서 해당 과세물건의 소재지의 시·도에 따라 취득세 세율은 달라질 수 있다.

취득세 내는 법 ─


취득세 과세물건을 상속받은 사람은 상속개시일부터 6개월(납세자가 외국에 주소를 둔 경우에는 9개월) 이내에 그 취득세의 산출세액을 신고·납부해야 한다. 신고자는 취득세 신고서에 취득물건, 취득일 및 용도 등을 적어 납세지 관할 시장·군수에게 신고하고 취득세 납부서로 취득세를 납부해야 한다.

납세의무자가 신고·납부 의무를 다하지 않으면 해당 관청이 산출세액 또는 그 부족세액에 다음의 가산세를 합한 금액을 세액으로 하여 보통징수의 방법으로 징수한다.

- 무신고가산세: 납부세액의 100분의 20에 상당하는 금액
- 과소신고가산세: 과소신고분(신고하여야 할 산출세액에 미달한 금액) 세액의 100분의 10에 상당하는 금액
- 납부불성실 가산세: (미납분 또는 과소납부분 세액)×(납부기한 다음날부터 자진납부일 또는 납세고지일까지의 기간)×(대통령령으로 정하는 이자율)
- 특별징수납부 등 불성실가산세:

① 미납분 또는 과소납부분 세액의 100분의 5에 상당하는 금액

② (미납분 또는 과소납부분 세액)×(납부기한 다음날부터 자진납부일 또는 납세고지일까지의 기간)×(대통령령으로 정하는

이자율)

　한 가지 유의해야 할 점은 한정승인의 경우에도 상속 부동산에 대한 취득세를 납부해야 한다는 것이다. 상속재산에 부동산이 있다면 한정승인의 경우에도 상속을 원인으로 등기를 하며 취득세는 재화의 이전 자체에 세금을 부과하기 때문이다.

# 28 상속등기

## 상속등기 하는 법

 상속이 개시되면 상속인은 고인의 재산에 관한 포괄적 권리·의무를 승계하므로, 부동산의 소유권은 등기 없이도 상속인에게 이전된다. 그러나 상속인이 상속부동산을 처분하려면 자신에게로 소유권 이전등기를 한 뒤에야 가능하다.
 상속등기는 상속인 본인이 단독으로 신청하며 신청서에 상속을 증명하는 첨부자료를 등기소에 제출해야 한다.
 상속인이 여러 사람인 경우에는 공동명의로 각자의 상속지분을 기재하여 이전등기를 한다. 즉, 법정상속분대로 상속하는 경우에 특정 재산에 대하여 단독으로 등기할 수 없으며 그 지분대로 공동으로 등기하여야 한다.

유증을 받은 사람은 단독으로 등기를 신청할 수 없다. 상속인이나 유언집행자(등기의무자)와 함께 공동신청을 해야 한다. 만약 이들이 공동신청을 거부하면 소송을 통해 해결해야 한다.

등기의 신청은 해당 부동산의 소재지를 관할하는 법원의 등기소에 해야 하며 특별한 사정이 없는 한 7일 이내에 등기가 완료된다. 신청은 상속인 본인이 직접 할 수도 있지만 법무사 등의 도움이 받는 것이 좋다. 부동산등기의 신청에 대한 수수료는 현재 부동산마다 15,000원이다.

### 상속등기 시 구비서류

- 먼저 시·군·구청을 통해 다음의 서류를 준비해야 한다.
- 소유권을 증명하는 서면
- 토지대장등본 또는 임야대장등본
- (집합)건축물대장등본
- 신청인의 주소 및 상속을 증명하는 서면
- 주민등록등(초)본: 상속인 각각의 주민등록등(초)본과 고인

의 말소자주민등록등(초)본

　－ 제적등본, 가족관계증명서: 상속인 확인을 위한 서류

　－ 상속인들 전원의 기본증명서: 상속인들의 생존사실 확인을 위한 서류

　• 취득세 납부고지서(지방교육세 및 농어촌특별세 포함)

부동산의 취득 시 납부해야 하는 취득세는 각각 '공시가액×23/1,000'(농지), '공시가액×28/1,000'(농지 외 부동산)이다. 취득세 납부의무자는 지방교육세와 농어촌특별세를 함께 납부해야 한다. 지방교육세는 각각 '공시가액×3/1,000(농지)×20/100', '공시가액×8/1,000(농지 외 부동산)×20/100'이다. 85㎡ 초과 주택, 나대지, 근린생활시설 등을 취득하는 경우에는 농어촌특별세도 함께 납부해야 하는데 그 세액은 '공시가액×2/100×10/100'이다.


　● 그런 다음 은행에서 다음의 서류를 준비해야 한다.

　• 취득세 영수필 확인서

시·군·구청 세무과에서 취득세 납부고지서를 받아 은행에서 납부하면 취득세 영수필 확인서를 받을 수 있다.

　• 국민주택채권의 매입

등기를 신청하는 자는 국민주택채권을 매입해야 한다. 상속인이 여러 명인 경우 국민주택채권은 각각의 지분별로 시가표준액을

계산하고 이를 토대로 각각의 국민주택채권 구입액을 계산해야 한다. 국민주택채권의 매입 기준은 다음과 같다.

◇ 국민주택채권 매입 기준

| 등기 종류 | 시가표준액 | 지역 | 매입률 |
|---|---|---|---|
| 상속 | 1,000만 원 이상 5,000만 원 미만 | 서울특별시, 광역시 | 시가표준액의 18/1,000 |
| | | 기타 지역 | 시가표준액의 14/1,000 |
| | 5,000만 원 이상 1억 5,000만 원 미만 | 서울특별시, 광역시 | 시가표준액의 28/1,000 |
| | | 기타 지역 | 시가표준액의 25/1,000 |
| | 1억 5,000만 원 이상 | 서울특별시, 광역시 | 시가표준액의 42/1,000 |
| | | 기타 지역 | 시가표준액의 39/1,000 |

(출처: 찾기 쉬운 생활법령, 법제처 사이트)

◇ 국민주택채권 매입 사례

가령 서울시 광진구 소재 공시가액 4억 원짜리 아파트를 배우자와 두 자녀가 공동상속한다고 하자.
상속분은 배우자 3/7, 두 자녀 각각 2/7이므로 시가표준액은 배우자의 경우 4억×3/7=1억 71,428,571원, 두 자녀는 각각 4억×2/7=1억 14,285,714원이다.
국민주택채권의 매입률은 위의 표에 따라 배우자는 42/1,000이며 두 자녀는 각각 28/1,000이다.
따라서 국민주택채권 매입액은 배우자 1억 71,428,571원×42/1,000=720만 원, 두 자녀 각각 1억 14,285,714원×28/1,000=320만 원으로 총액은 1,360만 원(720만+320만×2=1,360만 원)이다.
매입 후 즉시매도를 할 경우 할인율을 10%라고 가정하면 이들이 지불해야 할 금액은 모두 136만 원이 된다.

국민주택채권의 최저 매입금액은 1만 원이다. 1만 원 미만의 단수가 있을 경우 반올림한다. 국민주택채권 매입자가 즉시매도를 원할 경우 은행(우리은행, 농협, 하나은행, 중소기업은행, 신한은행)은 일정 할인료만 내도록 하고 채권발행번호가 기재된 영수증을 발급해 준다.

• 대법원등기 수입증지(등기신청 수수료)

대법원등기 수입증지는 등기소나 등기소 주변의 은행(농협, 우체국, 신한은행 등)에서 구입한다. 이를 신청서에 붙이면 등기신청 수수료를 낸 것이 된다. 소유권 이전등기 한 건당 대법원등기 수입증지의 가격은 서면방문신청 시 15,000원, 전자표준양식신청(e-form양식으로 작성한 후 등기소 방문신청) 시 13,000원, 전자신청 시 10,000원이다. 인지세는 내지 않는다.


● 기타 상속 관련 서류

• 상속인 전원의 인감증명서(협의분할 시)

상속재산 분할협의서에 날인한 상속인 전원의 인감증명서(3개월 이내 발행)를 첨부해야 한다. 재외국민의 경우 상속재산 분할협의서상의 서명 또는 날인이 자신의 것임을 증명하는 재외공관의 확인서 또는 공정증서로 대신할 수 있다.

• 상속재산 분할협의서 또는 심판서 정본(협의분할 시)

상속재산 분할협의서(여러 장인 경우 공동상속인 전원의 인감으로 간인해야 함)는 공동상속인 전원이 참가해 작성하며 각자의 인감으로 날인 후 인감증명서를 첨부해야 한다. 심판에 의한 경우에는 그 심판서 정본 등을 첨부해야 한다.

- 판결정본 또는 판결 확정증명서(판결에 의할 시)

조정에 갈음하는 결정정본 또는 화해권고 결정정본을 첨부하는 경우에도 확정증명원을 첨부해야 한다. 조정조서, 화해조서 또는 인낙조서를 등기원인증서로 제출하는 경우에는 확정증명원을 첨부하지 않는다.

- 위임장(해당자에 한함)

상속인 중 1인이 다른 상속인의 위임장을 받아 혼자 등기소를 방문할 경우에는 인감도장을 날인한 위임장이 있어야 한다.

## 29 자동차 상속

### 자동차의 명의 이전 ─

자동차를 상속받았다면 상속개시일이 속한 달의 말일로부터 6개월(영업용은 90일) 이내에 상속에 의한 이전등록 신청을 시·군·구청이나 차량등록사업소에 하여야 한다. 신청기한을 놓치면 마감일 경과 후 10일 이내에는 10만 원, 10일 초과 시에는 매 1일마다 1만 원씩 추가해 최고 50만 원의 범칙금이 부과된다.

이전등록 신청에 앞서 해당 자동차에 대한 압류·저당 사항 등을 확인해 반드시 이를 해지해야 한다. 압류·저당 사항은 자동차등록원부를 발급받아 갑·을부에서 확인할 수 있다. 그리고 자동차 관련 세금 및 과태료를 완납해야 이전등록이 가능하다.

이전등록에 필요한 서류는 고인의 가족관계증명서 및 기본증명서, 상속협의서(상속포기자의 도장 날인), 상속포기자의 신분증, 상속인이 피보험자로 된 책임보험 가입증명서, 자동차등록증, 자동차세 완납확인서 등이다.

그리고 자동차 주행거리와 정기검사 기간을 확인해 놓을 필요가 있다. 자동차 번호를 변경하고자 하는 경우 별도의 비용을 부담해야 한다.

## 상속 대신 폐차하는 법

자동차를 상속받지 않고 폐차를 원할 경우 고인 명의로 폐차하는 것이 가능하다.

사망신고 전이라면 그 절차와 방법은 일반폐차와 동일하다. 이때 신분증사본(또는 인감증명서)과 자동차등록증 등이 필요하다.

사망신고 후라면 상속과 동시에 명의를 이전하지 않고 폐차(상속폐차)를 진행할 수 있다. 이때 필요한 서류는 자동차등록증, 고인의 기본증명서 및 가족관계증명서, 상속인의 인감증명서, 상속협의서 등이다. 이 같은 상속폐차는 상속개시일로부터 3개월 이내에 신청해야 한다.

폐차의 경우에도 압류·저당 해지, 세금·과태료 완납 등이 선행되어야 한다. 폐차 후에는 자동차세 등이 계속 부과되는 것을 방지하기 위해 폐차를 확인해 둘 필요가 있다. 이를 위해서는 시·군·구청이나 폐차를 접수한 폐차장에서 자동차등록말소증을 발급받으면 된다.

상속인이 직접 처리하기가 힘들면 폐차 전문업체를 이용하면 편리하다.

제9부

# 유족연금 찾기

"잘 보낸 하루가 행복한 잠을 가져 오듯이, 잘 산 인생은 행복한 죽음을 가져온다."
- 레오나르도 다빈치 -

## 30

# 국민연금의 유족연금

　유족은 고인의 국민연금 관련 사항을 확인해야 한다. 고인이 국민연금에 가입해 있거나 연금을 받고 있었다면, 유족은 국민연금으로부터 유족연금, 반환일시금, 사망일시금 중 하나를 받을 수 있다.
　유족연금은 고인에게 생계를 의존하던 유족이 고인의 사망 후에도 안정된 생활을 유지할 수 있도록 매달 지급하는 생계비 성격의 돈이다. 2017년 기준 64만여 명이 유족연금을 받고 있다.
　반환일시금은 유족이 유족연금을 받을 수 있는 조건에 해당하지 않을 때 국민연금이 유족에게 한꺼번에 지급하는 돈이다.
　사망일시금은 고인에게 유족이 없어 국민연금측이 유족연금과 반환일시금을 지급할 수 없을 때 더 넓은 범위의 유족에게 지급하는 돈이다.

유족연금과 관련한 상세한 내용은 국민연금공단 콜센터(전화 1355)에서 상담할 수 있다.

## 어떤 경우에 받나

유족연금을 받으려면 고인이 사망 당시에 국민연금 가입자이거나 가입기간 10년 이상의 과거 가입자이어야 한다.

다만 가입기간 1년 미만인 가입자가 질병이나 부상으로 사망했다면, 그 질병이나 부상이 국민연금 가입기간 중에 발생한 경우에 한한다.

고인이 가입기간 10년 미만의 과거 가입자이어도 예외적으로 유족연금이 지급되는 경우가 있다. 이는 고인이 가입기간 중에 발생한 질병이나 부상(그 부상으로 인한 질병 포함)으로 인해, 가입기간 중 또는 가입자 자격상실 후 1년 이내에 초진을 받고 초진일로부터 2년 이내에 사망한 경우이다.

또 고인이 노령연금 수급권자이거나 장애등급 2급 이상의 장애연금 수급권자인 경우에도 유족연금이 지급된다.

## 누가 받을 수 있나

유족연금을 받을 수 있는 유족의 범위에는 배우자, 자녀, 부모(배우자의 부모 포함), 손자녀, 조부모(배우자의 조부모 포함)가 포함되는데, 각각 다음의 조건을 갖추어야 한다.

배우자에게는 별다른 조건이 없다.

자녀와 손자녀는 19세 미만이거나 장애등급 2급 이상이어야 한다. 즉 20세 이상으로서 정상인이거나 장애등급이 3~6급인 사람은 이 조건에 해당하지 않는다.

부모(배우자의 부모 포함)와 조부모(배우자의 부모 포함)는 60세 이상이거나 장애등급 2급 이상이어야 한다. 따라서 59세 미만으로서 정상인이거나 장애등급이 3~6급인 사람은 이 조건에 해당하지 않는다.

그런데 부모(배우자의 부모 포함)와 조부모(배우자의 부모 포함)가 유족연금을 받을 수 있는 연령은 차츰 상향 조정된다. 1953~1956년생은 61세, 1957~1960년생은 62세, 1961~1964년생은 63세, 1969년생 이후는 65세가 되어야 유족연금을 받을 수 있다.

여기서 중요한 공통의 자격 요건은 고인의 사망 당시에 '고인에게 생계를 의존했던 유족'이어야 한다는 점이다. 따라서 경제적으로 자립해 독자적인 생계를 영위하던 유족은 유족연금 지급 대상이 아니다.

생계 의존의 인정 기준은 다음 표와 같다.

◇생계 의존의 인정 기준(유족연금)

| 대상자 | 인정 기준 |
|---|---|
| 배우자·자녀 | 원칙적으로 인정. 다만, 가출·실종 등의 사유로 명백하게 부양관계가 있는 것으로 볼 수 없는 경우에는 인정하지 않음 |
| 부모 | 1) 주거를 같이하는 경우: 인정<br>2) 주거를 달리하는 경우: 다음 중 어느 하나에 해당하는 경우에만 인정<br>가. 당사자의 학업·취업·요양·사업·주거의 형편, 그 밖에 이에 준하는 사유로 주거를 달리하는 경우<br>나. 고인이 정기적으로 생계비 등 경제적 지원을 한 경우 |
| 손자녀 | 1) 주거를 같이하는 경우: 손자녀의 부모가 없거나, 부모가 있더라도 특수한 사유로 부양능력이 없는 경우에만 인정<br>2) 주거를 달리하는 경우: 다음 중 어느 하나에 해당하는 경우에만 인정<br>가. 당사자의 학업·취업·요양·사업·주거의 형편, 그 밖에 이에 준하는 사유로 주거를 달리하고, 손자녀의 부모가 없거나, 부모가 있더라도 특수한 사유로 부양능력이 없는 경우<br>나. 고인이 정기적으로 생계비 등 경제적 지원을 한 경우 |
| 조부모 | 1) 주거를 같이하는 경우: 조부모와 주거를 같이 하는 조부모의 자녀가 없거나, 자녀가 있더라도 특수한 사유로 부양능력이 없는 경우에만 인정<br>2) 주거를 달리하는 경우: 다음 중 어느 하나에 해당하는 경우에만 인정<br>가. 당사자의 학업·취업·요양·사업·주거의 형편, 그 밖에 이에 준하는 사유로 주거를 달리하고, 조부모와 주거를 같이하는 조부모의 자녀가 없거나, 자녀가 있더라도 특수한 사유로 부양능력이 없는 경우<br>나. 고인이 정기적으로 경제적 지원을 한 경우 |

생계 의존 사실을 인정받기 위해 고인과 주거를 같이한 유족의 경우 가족관계 증명서류를 제출해야 한다.

고인과 주거를 달리한 유족은 가족관계 증명서류 외에 재학증명서, 재직증명서, 요양증명서, 사업자등록증, 건물등기부등본 등

주거를 달리하는 사유를 증명할 수 있는 서류 또는 통장사본 등 경제적 지원 사실을 증명할 수 있는 서류가 필요하다.

이 밖에 '특수한 사유'에 해당하는 유족은 장애인증명서 등 해당 사유를 증명할 수 있는 서류를 제출해야 한다. '특수한 사유'란 장애인복지법에 따른 장애인인 경우, 단기하사 이하로 군에 입대한 경우, 교도소나 그 밖에 이에 준하는 시설에 수용되어 있는 경우, 행방불명의 경우, 고등교육법 제2조에 따른 학교 이하의 학교 재학생인 경우, 60세 이상이거나 19세 미만인 경우, 국민기초생활보장법에 따른 수급자인 경우를 지칭한다.

유족연금은 이 같은 조건을 갖춘 유족 중에서 배우자→자녀→부모(배우자의 부모 포함)→손자녀→조부모(배우자의 조부모 포함)의 순서에 따라 최우선 순위자에게 지급된다(형제자매 제외). 예를 들어 배우자와 자녀가 동시에 수급 대상이면 선순위인 배우자가 유족연금을 받는다. 따라서 거의 대부분의 경우 유족 중 1명에게 유족연금이 지급된다.

그러나 순위가 같은 사람이 2인 이상인 경우에는 같은 금액을 똑같이 나누어 각각 지급한다. 즉 같은 순위인 사람이 2명일 경우 각각 1/2씩, 3명일 경우 각각 1/3씩 받는다. 순위가 같은 사람들이 대표자를 선정해 청구하는 경우에는 그 대표자가 전액을 받을 수 있다. 자녀, 부모(배우자의 부모 포함), 손자녀, 조부모(배우자의 조부모 포함)의 경우에 이 같은 일이 생길 수 있다.

## 얼마나 받나

유족이 받을 수 있는 유족연금의 액수는 고인의 국민연금 가입기간과 납부한 보험료 액수에 의해 결정된다.

고인의 가입기간이 10년 미만인 경우 '고인의 기본연금액의 40%+부양가족연금액', 10년 이상 20년 미만인 경우 '고인의 기본연금액의 50%+부양가족연금액', 20년 이상인 경우 '고인의 기본연금액의 60%+부양가족연금액'이다.

기본연금액은 고인의 가입기간과 납부한 보험료 액수를 바탕

◇ 유족연금 예상 월액표(단위 원)

| 가입기간 중 기준 소득월액 평균액 | 가입기간 | | |
| --- | --- | --- | --- |
| | 10년 미만 | 10년~20년 미만 | 20년 |
| 500,000 | 119,850 | 179,010 | 233,340 |
| 1,000,000 | 142,850 | 219,070 | 287,940 |
| 1,500,000 | 165,850 | 259,130 | 342,530 |
| 2,000,000 | 188,850 | 299,190 | 397,130 |
| 2,500,000 | 211,850 | 339,240 | 451,720 |
| 3,000,000 | 234,850 | 379,300 | 506,320 |
| 3,500,000 | 257,850 | 419,360 | 560,910 |
| 4,000,000 | 280,850 | 459,420 | 615,510 |

※표는 2017년 기준 연금액. 매년 조정됨

으로 복잡한 산식을 통해 결정되기 때문에 사람마다 다르다. 부양가족연금액은 고인의 사망 당시 고인이 생계를 유지했던 유족이 있는 경우에 배우자는 연간 249,600원, 자녀와 부모는 1인당 연간 166,360원이 가산된다(2017년 기준).

대략적인 유족연금 급여액은 앞의 표와 같다.

### 유족연금의 지급 제한

고인의 배우자는 '소득이 있는 업무'에 종사하지 않는 한 유족연금을 계속 받을 수 있다. 여기서 '소득이 있는 업무'의 범위는 대략 사업소득과 근로소득을 합쳐 월 217만 원 이상의 소득이 있는 업무를 말한다. 근로소득만 있는 경우 소득공제 전 월급이 대략 308만 원 이상인 업무를 말한다(2017년 기준).

'소득이 있는 업무'에 종사하는 배우자는 3년 간 유족연금을 받다가 55세가 될 때까지 지급이 정지된다. 이후 유족연금을 다시 받을 수 있다.

배우자의 유족연금 지급정지 해제 연령은 점차적으로 상향조정된다. 1953~1956년생은 56세, 1957~1960년생은 57세, 1961~1964년생은 58세, 1965~1968년생은 59세, 1969년생 이후는 60세로 높아진다.

이 밖에 배우자가 장애등급 2급 이상인 경우, 배우자가 고인의 19세 미만 자녀 또는 장애등급 2급 이상의 자녀의 생계를 유지하는 경우에는 지급정지 없이 계속 유족연금을 받을 수 있다.

고인의 보험료 납부 기간이 납부하여야 할 기간의 2/3에 미달하는 경우에는 유족연금을 받을 수 없다. 국민연금은 가입기간이 10년 이상이어야 연금을 지급하므로, 가령 고인의 보험료 납부 기간이 5년인 경우에 유족은 유족연금 대신 반환일시금을 받는다. 예외적으로 사망 당시의 보험료 미납 기간이 6개월 미만인 경우에는, 납부 기간이 납부하여야 할 기간의 2/3에 미달하더라도 유족연금을 받을 수 있다.

고인이 제3자의 행위에 의해 사망하여 유족연금 지급 사유가 발생한 경우에는 유족이 수령한 손해배상금을 기준으로 일정 기간 유족연금의 지급이 정지된다. 정지 기간이 종료되면 다시 유족연금을 받을 수 있다.

고인의 사망으로 인해 유족이 다른 법률에 의한 보상을 받을 수 있는 경우에는 유족연금의 1/2에 해당하는 금액을 받는다. 근로기준법, 산업재해보상보험법, 선원법 등에 의한 유족 보상과 급여가 이에 해당한다. 고인이 자살한 경우에도 유족은 유족연금을 받을 수 있다. 하지만 고인을 고의로 사망하게 한 유족, 유족연금의 수급권자가 될 수 있는 사람을 고의로 사망하게 한 유족, 다른 유족연금 수급권자를 고의로 사망하게 한 유족은 유족연금을 받을 수 없다.


## 유족연금 받을 권리의 소멸

유족연금을 받을 권리를 가진 사람(수급권자)과 고인과의 신분 관계에 변동이 생기거나 연금급여에 의한 생계보호가 더 이상 필요하지 않게 된 경우 유족연금 수급권은 사라진다.
구체적으로는 다음 경우가 이에 해당한다.
수급권자의 사망, 배우자인 수급권자의 재혼, 자녀나 손자녀인 수급권자의 입양 또는 파양, 장애2급 이상에 해당하지 않는 자녀나 손자녀의 19세 도달, 장애2급 이상이어서 유족연금을 받던 사람이 더 이상 장애2급 이상에 해당하지 않게 된 경우, 고인의 사망 당시 태아가 출생했을 때(이 경우 자녀보다 후순위로 유족연금을 받던 사람의 수급권이 소멸된다) 등이다.


## 유족연금 청구 방법

유족연금의 지급 청구는 원칙적으로 수급권을 가진 사람이 직접 해야 한다. 예외적으로 수급권자가 미성년자 또는 행위능력 제한자인 경우 법정대리인이 청구할 수 있다. 다만 미성년자인 자녀가 14세 이상인 경우에는 법정대리인의 동의서를 첨부해 직접 청구할 수 있다.

수급권자가 해외 체류 등 부득이한 사유가 있는 경우에는 임의대리인의 청구가 가능하다.

유족연금의 청구는 수급권이 발생한 때로부터 5년 안에 하지 않으면 소멸시효가 완성되어 받을 수 없게 된다. 5년이 경과한 경우에는 신청일로부터 역산하여 최근 5년 이내의 연금액은 언제든지 받을 수 있으며 이후에는 매월 연금액을 받을 수 있다.

예를 들어, 2009년 1월 25일 청구권이 발생하였으나 개인사정으로 신청하지 못하다가 2016년 5월 1일에서야 연금지급을 청구했다고 하자. 그러면 역산하여 최근 5년인 2011년 5월~2016년 5월분 연금액을 한꺼번에 받을 수 있으며 2016년 6월부터는 매월 연금을 받을 수 있다. 그러나 5년 소멸시효가 완성된 2011년 4월까지의 연금액은 받을 수 없게 된다.

청구는 전국에 있는 국민연금공단 지사 어디에서나 가능하다. 직접 방문해 청구할 수 있을 뿐 아니라 우편 청구도 가능하다.

유족연금 청구에 필요한 구비서류는 다음과 같다.

- ●반드시 필요한 서류
- • 유족연금 지급 청구서
- • 국민연금 장애발생·사망경위(신고)서
- • 신분증(주민등록증, 운전면허증, 공무원증, 여권, 사회복지카드)
- - 제시로도 가능
- • 사망자의 폐쇄등록부에 관한 가족관계 증명서
- - 생계유지 확인 필요시 관련 서류 추가
- • 사망진단서 또는 시체검안서
- - 없는 경우 사망에 관한 인우확인서 또는 사망증명서(등록사무관서 제출용)
- • 수급권자 예금통장 사본
- - 계좌번호 제시로도 가능
- • 도장(서명 가능)


- ●해당 시 필요한 서류
- • 부양가족연금 계산 대상자가 있는 경우
- - 사망자의 폐쇄등록부에 관한 가족관계증명서
- - 생계유지 확인 필요시 관련 서류

(수급권자가 배우자이며 부양가족연금 계산 대상자가 사망자의 자녀인 경우 수급권자의 가족관계증명서)

• 부양가족연금 계산 대상자 중 장애등급 2급 이상인 자녀 또는 부모가 있는 경우

  - 장애인등록증 사본 1부

• 초진일 심사 필요 시

  - 최종 진료기관의 진단서(소견서) 또는 진료기록 등 초진일 확인에 참고가 될 수 있는 자료

• 연금의 중복급여 조정(제113조)에 해당하는 경우

  - 근기법, 선원법, 어선원법 및 어선 재해보상보험법 상 보상수령 여부 확인 서류

• 제3자의 가해가 있는 경우

  - 장애발생·사망 경위(신고)서

  - 사건사실 증명원 및 손해배상 수령 여부 확인 서류

## 유족연금의 심사 절차

유족연금은 일반적으로 심사를 거치지 않고 바로 지급한다.

그러나 가입기간이 1년 미만인 가입자 또는 가입기간이 10년 미만인 과거 가입자(가입자 자격을 상실한 상태에 있는 사람)가 사망한 경우에는 유족심사를 거쳐 지급한다.

가입기간이 1년 미만인 가입자가 사망한 경우에는 사망의 원인이 된 질병이나 부상이 가입 중에 발생한 경우에 유족연금이 지급된다.

가입기간이 10년 미만인 과거 가입자가 사망한 경우에는, 가입기간 중에 발생한 질병이나 부상 또는 그 부상으로 인해 생긴 질병에 대하여, 가입기간 중의 초진일 또는 자격상실 후 1년 이내의 초진일로부터 2년 이내에 사망한 경우에 유족연금이 지급된다.

유족심사는 특별한 사정이 없는 한 21일(공휴일 제외) 이내에 하게 된다.

◇ **유족연금 상담 사례**

> 국민연금공단 홈페이지에 게재된 대표적인 상담 사례 세 가지를 소개한다.
>
> 질문1) 아내가 국민연금에 5년 정도 가입해 있던 중 사망했습니다. 남편인 제가 유족연금을 받을 수 있을까요?
> 답변) 유족연금을 받을 수 있습니다. 단 미납액이 많은 경우 연금 대신 일시금으로 받게 됩니다.
> 유족연금은 첫 3년간은 소득 유무와 무관하게 지급됩니다. 3년 후에는 월평균 소득이 217만 원(2017년 기준)을 넘으면 지급이 정지되었다가 만 55세부터 다시 계속 지급됩니다.
>
> 질문2) 아버지가 돌아가셨습니다. 유족연금을 받을 수 있을까요?
> 답변) 고인의 사망 당시 고인에게 생계를 의존하고 있던 사람들 중 배우자, 자녀, 부모, 손자녀, 조부모 등의 순서로 최우선 순위자에게 유족연금이 지급됩니다.
>
> 질문3) 유족연금을 받던 중 소득이 생겨도 유족연금을 계속 받을 수 있을까요?
> 답변) 월평균 소득이 214만 원(2017년 기준)을 초과하면 연금 지급이 한시적으로 정지됩니다.

## 반환일시금

반환일시금은 유족이 유족연금을 받을 수 있는 조건에 해당하지 않을 때 국민연금이 유족에게 한꺼번에 지급하는 돈이다.

구체적으로는 가입자 또는 가입기간 10년 이상인 과거 가입자가 사망 당시에 보험료를 2/3 이상 납부하지 않은 경우, 1년 미만 가입자가 가입기간 중에 발생하지 아니 한 질병 또는 부상으로 사망한 경우이다.

반환일시금은 가입기간 중 고인이 납부한 보험료에 일정 이자를 더하여 받게 된다. 여기에 적용되는 이자율은 보험료를 낸 날이 속하는 달의 다음 달부터 고인의 사망일이 속하는 달까지의 기간에 대하여 해당 기간의 3년 만기 정기예금 이자율이다.

반환일시금 청구는 원칙적으로 급여를 받을 권리가 있는 사람이 직접 하여야 한다. 그리고 고인의 사망일로부터 5년 안에 청구하지 않으면 소멸시효가 완성돼 청구권이 없어진다. 반환일시금 청구 시 필요한 서류는 다음과 같다.

- 반환일시금 지급 청구서
- 신분증
 - 주민등록증, 운전면허증, 공무원증, 여권, 선원수첩, 장애인복지카드 중 1개

- 본인 명의 예금통장 사본
  - 계좌번호 제시로도 가능
- 도장(서명 가능)
- 고인의 폐쇄등록부에 관한 가족관계증명서
- 생계유지 확인 필요 시 관련 서류

## 사망일시금

사망일시금은 유족연금과 반환일시금의 지급 대상이 없을 때 더 넓은 범위의 유족에게 지급하는 장제 보조적, 보상적 성격의 돈이다.

고인의 배우자, 자녀, 부모, 손자녀, 조부모, 형제자매, 고인에게 생계를 유지하고 있던 4촌 이내의 방계혈족의 순서에 따라서 그중 최우선 순위자에게 지급된다.

지급 액수는 반환일시금에 상당하는 금액이다. 그러나 고인의 기준소득월액 또는 가입기간 중의 기준소득월액의 평균액 중 많은 금액의 4배를 초과할 수는 없다.

청구는 원칙적으로 고인의 사망일로부터 5년 안에 수급권자가 직접 하여야 한다.

# 기타 유족연금

## 공무원연금의 유족연금

고인이 전직 공무원이어서 공무원연금법에 의한 퇴직연금, 조기퇴직연금, 장해연금을 받고 있었다면 그 배우자, 자녀, 부모, 손자녀, 조부모는 법정 순위에 따라 유족연금을 받을 수 있다. 고인이 현직 공무원인 경우에도 고인의 재직 기간이 10년 이상이면 유족연금을 받을 수 있다.

● 누가 받을 수 있나

공무원연금법에서 정한 유족연금을 받을 수 있는 사람은 기본적으로 고인의 사망 당시 고인의 부양을 받던 유족이어야 한다.

배우자는 고인의 공무원 재직 시 혼인(사실혼 포함)한 사람이어야 한다. 다만 고인이 1996년 이전에 퇴직한 경우에는 고인의 연금 수급기간 중 혼인한 배우자도 1996년 이전에 혼인(사실혼 포함)했다면 유족연금을 받을 수 있다.

자녀는 만 19세 미만인 경우에 해당하지만, 만 19세 이상인 경우에도 고인의 사망 당시에 공무원연금법에 의한 장애등급이 1~7급이면 해당 유족이 된다.

손자녀의 경우 만 19세 미만인 때, 또는 만 19세 이상이더라도 아버지가 없거나 아버지가 공무원연금법에 의한 장애등급 1~7급이면 유족연금 지급 대상이 된다.

부모 및 조부모의 경우 양부모와 양조부모도 가능하지만 고인의 퇴직일 이후 입양된 사람은 해당되지 않는다.

유족이더라도 직계비속이 직계존속보다 우선해 유족연금을 받는다. 즉, 자녀와 손자녀가 같은 1순위가 되며 부모, 조부모는 같은 2순위가 된다. 동순위이더라도 최근친이 우선 순위가 된다. 즉 손자녀보다는 자녀가, 조부모보다는 부모가 우선 순위가 된다.

따라서 수급 대상은 자녀→손자녀→부모→조부모의 순위가 되는 것이다(형제자매 제외).

배우자는 최우선 순위 유족과 동순위가 되며, 직계 존비속이 없을 경우 단독으로 유족연금을 받을 수 있다.

동순위 유족이 여러 명인 경우 등분(배우자 우대 없음)하여 각자에게 지급한다. 이들이 대표자를 선정한 경우에는 대표자에게 전액을 지급한다.

● 얼마나 받을 수 있나

유족연금 지급액은 기본적으로 고인이 받던 연금액의 60%이다. 그러나 부부 모두가 직역연금(공무원연금, 사학, 군인, 별정우체국연금)을 받고 있는 경우에 배우자가 받을 수 있는 유족연금은 고인이 받던 연금액의 30%이다.

만약 고인이 퇴직 후 3년 이내에 사망한 경우에는 유족연금과 별도로 유족연금특별부가금을 받을 수 있다. 이는 고인이 연금을 상대적으로 적게 받는 것에 대한 보전이다.

고인이 10년 이상 재직한 현직 공무원이면 유족이 원하는 경우에는 유족연금에 갈음하여 일시금을 받을 수 있다. 유족연금으로 받기를 원하면 유족연금 외에 별도의 일시금(퇴직연금일시금의 4분의 1 상당)을 추가로 받을 수 있다.

고인이 10년 미만 재직한 현직 공무원이면 유족연금 대신 일시금을 받는다.

고인이 1년 이상 재직한 현직 공무원인 때에는 유족연금과는 별개로 재직 기간에 따라 일정액의 퇴직수당도 받는다.


● 유족연금의 신청과 소멸

유족연금을 받기 위해서는 고인의 사망일로부터 5년 이내에 신청해야 한다. 이 기간을 넘기면 수급권이 소멸된다.

유족은 고인의 사망일이 속한 달의 다음 달부터 자신이 사망할 때까지 유족연금을 받을 수 있다.

그러나 배우자인 유족이 연금을 받다가 재혼한 경우, 장애를 가진 자녀나 손자녀가 건강이 좋아져 공무원연금법에서 인정한 장애등급 1~7급 이외가 된 경우, 친족관계가 종료된 경우에는 유족연금 지급이 중단된다.

만 19세 미만 자녀나 손자녀의 유족연금은 만 19세가 되는 달까지만 받을 수 있다.

유족연금을 받는 사람이 사망하면 차순위 유족이 그 연금을 받을 수 있다. 이때 차순위 유족은 선순위 유족의 사망일이 속한 달의 다음 달 10일까지 유족연금 승계 신청을 해야 한다. 이 경우 지급되는 연금액은 동일하다.

고인이 퇴직 후 3년 이내에 사망하였으나 공무원연금법에서 정한 유족이 없는 때에는 유족이 아닌 직계비속에게 일정액의 일시금을 지급한다. 이 경우 민법 상의 상속순위를 따른다.

기타 상세한 내용은 공무원연금공단(전화 1588-4321)으로 문의할 수 있다.

## 사학연금의 유족연금

고인이 전·현직 사립학교 교직원인 경우에 유족은 사립학교교직원연금법에 의한 유족연금을 받을 수 있다. 사립학교 교직원을 대상으로 하는 이 연금은 거의 모든 면에서 공무원연금 제도와 흡사하다.

이 법이 적용되는 학교 기관은 크게 당연적용과 임의적용 대상으로 분류된다.

초·중등학교, 대학 등 정규 학교와 이를 설치·경영하는 학교 기관은 당연적용 대상이다.

그러나 사립 유치원, 기타 각종 학교 그리고 그 경영 기관은 임의적용 대상이므로 고인이 이 연금에 가입되어 있을 수도 있고 그렇지 않을 수도 있다. 따라서 유족은 그 여부를 확인할 필요가 있다.

상세한 내용은 사립학교교직원연금공단(전화 1588-4110)으로 문의할 수 있다.

## 군인연금의 유족연금

고인이 군인 또는 전직 군인이라면 유족은 군인연금에 따른 유족연금 등을 받을 수 있다. 고인이 19년 6개월 이상 복무 중이거나 군인연금(퇴역연금 또는 상이연금)을 받고 있었다면 유족연금을 받을 수 있다. 고인이 복무 기간 19년 6개월을 채우지 못해도 순직한 경우에도 유족연금이 발생한다.

● 누가 받을 수 있나

군인연금법에서 정한 유족연금을 받을 수 있는 사람은 고인의 사망 당시 고인이 부양하던 사람이어야 한다.

배우자는 사실혼 관계인 경우에도 인정되나 고인의 퇴직 후 만 61세 이후에 혼인한 사람은 제외된다.

자녀와 손자녀는 만 19세 미만인 경우, 만 19세 이상이더라도 군인연금법에서 정한 장애등급 1~7급인 경우에 인정된다. 그러나 고인의 퇴직 후 만 61세 이후에 출생 또는 입양한 경우에는 제외되나 퇴직 후 만 60세 당시의 태아는 인정된다.

특히 손자녀는 아버지가 없거나 아버지가 장애등급 1~7급인 경우에 한한다.

부모와 조부모는 양부모와 양조부모도 가능하지만 고인의 퇴직일 이후 입양된 사람은 해당되지 않는다.

유족이더라도 직계비속이 직계존속보다 우선해 유족연금을 받는다. 자녀와 손자녀가 같은 1순위가 되며 부모, 조부모는 같은 2순위가 된다. 순위가 같다면 최근친 우선 원칙에 따라 손자녀보다는 자녀가, 조부모보다는 부모가 우선 순위가 된다. 즉, 수급 대상은 자녀→손자녀→부모→조부모의 순위가 되는 것이다(형제자매 제외).

배우자는 최우선 순위 유족과 동순위가 되며, 직계 존비속이 없을 경우 단독으로 유족연금을 받을 수 있다.

동순위 유족이 여러 명인 경우 등분(배우자 우대 없음)하여 각자에게 지급한다. 이들이 대표자를 선정한 경우에는 대표자에게 전액을 지급한다.

만약 군인연금법에서 정한 유족이 없는 경우 유족이 아닌 직계비속(19세 이상 자녀)이 유족연금에 갈음하는 급여를 받을 수 있다.

그리고 유족연금 수급권자가 사망 또는 재혼 등의 사유로 인해 연금 수급 자격을 상실할 경우에는 유족연금 수급권이 동순위 유족에게 이전된다. 그 대상은 반드시 고인의 사망 당시에 동순위 유족이어야 한다. 즉 고인의 장애인 자녀 또는 부모, 조부모가 이에 해당할 수 있다. 이때 이전되는 유족연금액은 기존의 유족연금액과 동일하다.

● 얼마나 받을 수 있나

고인이 군인연금(퇴역연금 또는 상이연금)을 받고 있었거나, 19년 6개월 이상 복무 중 공무 외로 사망한 경우 유족연금의 지급액은 고인이 받을 수 있는, 또는 고인이 받았던 군인연금액의 70%이다. 그러나 고인이 2013년 7월 1일 이후에 군인이 된 경우에는 60%로 줄어든다.

고인이 19년 6개월을 채우지 못했더라도 복무 중 공무로 인해 사망(순직)한 경우에도 유족연금이 지급된다. 순직자의 경우 복무기간이 19년 6개월 이상이면 기준소득월액의 42.25%, 복무기간이 19년 6개월 미만이면 기준소득월액의 35.75%를 유족연금으로 받을 수 있다.

고인이 19년 6개월 이상 복무했다면 유족이 원할 경우 유족연금 대신에 유족연금일시금으로 한꺼번에 받을 수도 있다. 이때 지급되는 유족연금일시금의 액수는 퇴역연금일시금과 같다. 만약 고인이 19년 6개월 미만 복무한 군인으로서 공무 외로 사망했다면 유족은 유족일시금을 받을 수 있다. 그 액수는 퇴직일시금과 동일하다.

고인이 19년 6개월 이상 복무 중 사망한 경우 유족연금을 선택한 유족에게는 유족연금 외에 유족연금부가금이 지급된다. 유족연금부가금은 퇴역연금일시금의 25%이다. 고인이 군인연금을 받은

지 3년 이내에 사망한 경우에는 유족연금과 별도로 유족연금특별부가금이 지급된다.

유족연금부가금과 유족연금특별부가금은 고인의 조기 사망으로 연금 혜택을 적게 받는 데 대한 보상의 성격이다.

자세한 상담은 국방민원콜센터(전화 1577-9090)에서 할 수 있다.

## 별정우체국연금의 유족연금

고인이 별정우체국의 전·현직 직원인 경우에도 유족은 유족연금을 받을 수 있다. 이 경우 고인의 근무 경력이 10년 이상이어야 한다. 고인이 10년 미만을 재직하고 사망한 경우에는 유족은 유족일시금을 받는다.

별정우체국이란 국가가 아닌 민간이 설치·운영하는 우체국이다. 농·어촌, 도서벽지에 보편적 우편 서비스를 제공하고자 1961년 도입되었다. 현재 전국에 총 754개가 운영되고 있다.

별정우체국법에서 인정하는 유족은 기본적으로 고인이 사망 당시에 부양하고 있던 사람이어야 한다. 그리고 배우자는 고인의 재직 당시 혼인 관계(사실혼 포함)에 있던 사람이어야 한다.

자녀는 만 19세 미만인 경우, 만 19세 이상으로 공무원연금법령에 의한 장애등급 1~7급인 경우에 한한다. 고인의 퇴직일 이후에 출생·입양한 자녀는 제외하나, 퇴직 당시의 태아는 인정한다.

부모와 조부모는 퇴직일 이후에 입양된 경우에는 제외한다.

손자녀는 만 19세 미만인 경우, 만 19세 이상으로 공무원연금법령에 의한 장애등급 1~7급인 경우에 한한다. 고인의 퇴직일 이후에 출생·입양한 경우에는 제외하나, 퇴직 당시의 태아는 인정한다. 또 아버지가 없거나 아버지가 장애등급 1~7급인 경우여야 한다.

유족연금을 받을 유족의 순위는 상속의 순위에 따른다. 동순위자가 2명 이상인 경우에는 연금액을 똑같이 나누어 지급하되 대표자를 선정한 경우에는 그 대표자에게 전액 지급한다(공무원연금의 유족연금과 동일).

유족연금의 지급액은 고인이 받거나 받을 수 있는 퇴직연금(조기퇴직연금)액의 60%이다. 고인이 재직 중이나 퇴직연금(조기퇴직연금) 수급 전에 사망하면 유족은 유족연금 외에 일정액의 유족급여를 더 받는다.

유족연금을 받을 수 있는 유족이 없을 때에는 유족 아닌 직계비속에게 유족연금에 갈음하여 일정액을 지급한다.

기타 자세한 내용은 별정우체국연금관리단에 문의하면 된다.

제10부

# 마지막 정리

"완전하게 죽기 위해, 사람은 잊을 뿐 아니라 잊혀야 한다. 잊히지 않는 자는 죽은 것이 아니다."
- S. 버틀러 -

## 32 영업자 지위승계

고인이 개인 명의로 영업장을 운영하고 있었다면 상속인은 영업자 지위승계신고를 해야 한다. 예를 들면 고인이 식당이나 주점, 세탁업, 숙박업, 목욕업 등을 영위한 경우이다. 정해진 기한 내에 지위승계신고를 하지 않으면 처벌받는다. 상속인이 지위승계를 원치 않는 경우에는 폐업신고를 하면 된다.

### 식품영업자 지위승계신고

고인이 식당, 주점 등 식품위생법 관련 업소를 운영한 경우에 상속인은 자동적으로 영업자 지위를 승계한다. 따라서 상속인은 당초 해당 업소를 허가·신고한 기관(관할 시·군·구청이나 각 지방식품의약품안전청)에 영업자 지위승계신고를 해야 한다.

신고기한은 고인의 사망일로부터 1개월. 이 기한 내에 신고하지 않으면 징역 또는 벌금형에 처해질 수 있다.

상속인이 직접 신고할 때에는 기존 영업허가·신고증 또는 영업등록증, 교육이수증(식품위생교육을 받은 경우만 해당), 영업자 지위승계신고서 외에 가족관계증명서 및 상속인임을 증명할 수 있는 서류 등을 첨부하여야 한다.

지위승계신고서는 관할 관청에 비치되어 있으며 정부 민원 사이트 www.minwon.go.kr에서 다운로드 받을 수도 있다.

상속인이 업소의 명칭·상호를 변경하려는 경우에는 이를 함께 신고할 수 있다. 만약 상속인이 해당 영업을 계속하기를 원치 않는 경우에는 지위승계신고와 동시에 폐업신고를 하면 된다.


## 공중위생영업자 지위승계신고

고인이 숙박업, 이·미용업, 세탁업, 목욕업 등 공중위생 관련 업소를 운영한 때에도 상속인은 영업자의 지위를 승계하므로 지위승계신고를 해야 한다.

　신고기한과 신고방법은 식품위생업자의 경우와 동일하다.

　다만 이·미용업처럼 면허증이 필수적인 업종의 경우 상속인이 해당 면허증을 소지하고 있지 않으면 지위승계가 불가하므로 대신에 폐업 신고를 해야 한다.

### 기타 지위승계신고

　이 밖에 건강기능식품 영업자, 소방시설업, 액화석유가스 충전사업, 축산물가공처리법상 영업자 등도 고인의 사망일로부터 30일 이내에 지위승계신고를 해야 한다.

　화물자동차 운송사업, 건설업, 부동산개발업 등은 고인의 사망일로부터 60일 이내에 해야 하며 골재채취업, 여객자동차 운송사업, 여객자동차 터미널사업 등은 90일 이내에 해야 한다.

### 사업자등록 정정신고

　상속인이 고인의 사업을 승계할 때에는 영업자 지위승계신고와는 별도로 관할 세무서에 사업자명의를 변경하는 사업자등록 정정신고를 하여야 한다. 정정신고는 기한이 정해져 있는 것은 아니지만 상속이 확정되면 지체 없이 하는 것이 좋다.

이때 필요한 서류는 사업자등록증 및 사업자등록 정정신고서 외에 해당 사업의 상속인임을 증명할 수 있는 서류 등이다. 만약 신고하지 않으면 50만 원 이하의 벌금 또는 과태료 처분을 받을 수 있다.

상속인이 고인의 사업을 승계하지 않고 폐업하고자 하면 폐업신고를 하면 된다. 그리고 폐업일이 속한 달의 다음 달 25일까지 해당 사업에 의한 부가가치세를 납부하여야 한다.

# 고인 명의의 해지 신고

### 신용카드 해지

고인 명의의 신용카드가 있다면 상속인은 해당 카드사에 고인의 사망 사실을 알리고 신용카드 해지를 신청해야 한다. 만약 해지하지 않으면 이로 인해 불이익을 받거나 신용카드 사고가 발생할 수 있다.

해지 신청자는 먼저 해당 카드사에 전화로 상담한 뒤 필요한 서류를 구비해 가까운 해당 은행 지점을 방문하거나 해당 콜센터를 이용하면 된다(콜센터 접수 시 서류 팩스 발송). 준비해야 할 서류는 신청자의 신분증, 사망진단서, 가족관계 확인 서류 등이다.

만약 아직 카드사가 청구하지 않은 결제금액이 남아 있으면 신청자는 먼저 이 금액을 카드사에 지불해야 한다. 그러면 카드사는 10일 이내에 이미 징수한 연회비를 해지일 기준으로 사용한 일수만큼 공제하고 반환해 준다.

이때에 해지 신청자는 개인정보 삭제를 반드시 요청하고 삭제확인서를 받아놓아야 한다. 그렇게 하지 않을 경우 카드사는 고인의 신용카드 관련 정보를 최대 5년간 보관할 수 있다. 개인정보 삭제를 요청하면 1개월 이내에 신용평가사에서도 카드발급 정보가 삭제된다.

## 휴대전화 해지

고인의 휴대전화도 해지하지 않으면 요금이 계속 부과될 수 있다. 통신3사는 명의자가 사망한 때에 사망 확인서류를 제출하면 위약금 없이 해지가 가능하도록 약관에 명시하고 있다. 그런데 해지 신청은 직계가족만 가능하다.

제출 서류는 명의자의 사망 사실을 확인할 수 있는 사망진단서, 명의자와 해지 신청자와의 관계를 증명할 수 있는 가족관계증명서 등이다. 해지는 신청 후 즉각 처리되며 해지 즉시 위약금도 사라진다. 단말기 할부금이 있다면 신청자는 잔여 할부금액을 모두 내야 한다.

　이때에 주의해야 할 점이 있다. 사망에 의한 통신상품 해지는 명의자의 사망시점이 아니라 유가족이 사망 사실을 통신사에 통지한 시점이 기준이 된다는 점이다. 따라서 해지를 차일피일 미룰 경우 그 휴대전화를 사용하지 않아도 통신요금을 더 내야 할 수 있다.

　사망진단서에 명의자의 사망시각이 구체적으로 기재돼 있지만 명의자의 사망 이후에도 해당 서비스는 다른 누군가가 사용할 수 있고 이를 위한 유지·보수 비용이 지출되기 때문이다. 따라서 고인의 휴대전화는 신속하게 해지 신청을 하는 것이 바람직하다.

## 기타 해지

　신용카드나 휴대폰 외에도 고인이 가입자로 되어 있는 각종 서비스나 거래도 해지하는 것이 좋다. 인터넷, 집 전화, 유선방송, 정수기 등 렌탈 제품, 거래계약 등이 대상이 된다.

　이런 경우 계약기간이 남아 있어도 위약금 없이 해지가 가능하다. 해지 신청은 가족이 방문, 전화 등의 방법으로 할 수 있으며 해당 업체는 사망신고서, 가족관계증명서 등의 서류를 요구한다. 이때 요구하는 서류나 방식은 업체마다 다를 수 있으므로 미리 문의하는 것이 좋다.

만약 해지하지 않고 방치하면 사용하지 않아도 불필요한 요금이 계속 부과되므로 반드시 챙겨보아야 한다.

# 고인 유품 정리

고인의 유품 정리는 몸이 힘든 일이라기보다 마음이 더 힘든 일이다. 고인의 체취와 추억이 남아 있는 물건들이어서 버리거나 태워버리기가 쉽지 않다. 그러나 유족들이 꼭 해야 하는 일이다.

유품을 정리할 때에는 먼저 유품을 5가지로 분류하는 것이 편리하다. 귀중품, 추억이 담긴 물건, 의류, 가구 및 가전제품, 식료품 등이다.

귀중품의 경우 유족들이 서로 양보하는 자세로 합의하여 처리하여야 한다. 귀중품을 두고 유족들이 다투는 것은 고인에 대한 예의가 아니므로 양보심과 배려심을 발휘해야 한다.

추억이 담긴 물건에는 사진, 편지, 고인의 수집품, 취미활동 관련 물품 등이 있다. 추억이 담긴 물건들은 유족들이 나누어 보관하거나 협의 하에 폐기할 수도 있다.

의류, 가구 및 가전제품 중 재활용이 가능한 것은 헌 옷 또는 중고품 매입업체에 매각할 수 있다. 그렇지 않은 유품들은 생활쓰레기 처리 방법에 따라 폐기해야 한다.

우리나라는 예로부터 유품을 정리해 소각하는 풍습이 있었다. 이에 따라 유품을 소각하기를 원하는 사람들이 있다. 그러나 현행법상 개인의 소각행위는 엄격히 금지되어 있으므로 이런 경우 소각전문업체를 이용해야 한다.

유족이 여러 사정상 유품을 직접 정리하기 힘든 때에는 유품정리업체를 이용하는 것도 한 가지 방법이다. 최근 노인인구 증가와 핵가족화로 인해 유품정리업체들이 증가하는 추세이다. 이들 업체는 인터넷 검색 등을 통해 찾을 수 있으며, 이용료는 건당 수십만 원이다.

# 마음 추스르기

가족의 죽음으로 인한 슬픔은 자연스러운 일이며 지극히 건강한 정서적 반응이다. 하지만 장기간 상실의 아픔에 빠져 일상생활로의 복귀가 힘들다면 이는 정상적이라고 할 수 없다.

이럴 때 유족은 정상생활로의 복귀를 위한 개인적 노력을 해야 한다. 특히 중요한 것이 마음가짐이다. 완전한 회복까지는 개인별 차이가 있지만 약 1~2년이 소요되는 것으로 알려져 있다.

● 죽음을 인정하라

사랑하는 가족의 죽음을 부정해서는 안 된다. 사별은 이미 현실이며 이제 내 곁에 고인이 없다는 사실을 마음으로 받아들여야 한다. 일부 유족은 고인의 전화를 기다리거나 고인의 흔적을 찾아다니기도 한다. 이 같은 과도한 부정이 장기간 지속되면 유족에게 심리적, 정신적 폐해를 가중시킬 뿐이다.

● 감정을 표현하라

사별로 인해 느끼는 모든 감정들을 숨기지 말고 표현하라. 슬픔, 우울, 분노, 죄책감, 무력감, 불안감 등을 표현하지 않으면 자신의 정서 상태를 정확히 깨닫지 못한다. 따라서 올바른 치유를 할 수 없게 된다. 이런 감정들은 표현할 기회를 많이 가질수록 더 잘 극복하게 된다. 마찬가지로 기쁨, 즐거움 등 긍정적인 감정들도 죄책감이나 주변 시선 때문에 애써 감추려고 하지 말아야 한다. 감정을 적극적으로 드러내기 힘들다면 고인에게 솔직한 마음을 담은 편지를 쓰는 것도 좋다.

● 고통에 직면하라

상실과 사별에서 오는 고통에 당당히 맞서는 자세가 필요하다. 심리적, 정서적 고통을 잊기 위해 음주, 흡연, 약물 등에 의존하는 것은 상황을 더 악화시킬 뿐이다. 필요하다면 정신과 의사를 찾아가 진료를 받는 것이 좋다. 이 밖에도 사별가족 모임이나 치유 프로그램을 제공하는 병원(호스피스팀)·종교기관(가톨릭, 기독교, 불교 등)·사회복지센터·상담기관 등을 이용하거나 전문가의 상담을 받아보는 것도 도움이 될 수 있다. 이러한 활동을 하는 기관·단체들은 주변에서 쉽게 찾아볼 수 있다.

● 고인을 추억하라

당장 힘들다고 고인을 애써 잊으려고 하거나 그 흔적을 지우려고 할 필요는 없다. 고인의 손때가 묻어 있는 유품을 보관했다가 그리울 때마다 꺼내 보는 것은 좋은 위로가 되며 정신 건강에 좋다. 고인의 묘지나 납골당을 찾아 추억을 회상하는 것도 좋다.

● 주변을 둘러보라

슬픔에 젖어 있다 보면 계속 내면의 아픔에만 머물게 된다. 오랜 기간 자신에게만 집중하면 새 환경에 적응하는 것이 점점 더 어려워진다. 사랑하는 가족이 없는 상황에서 능동적으로 새로운 삶을 추구해야 한다. 고인에 대한 그리움의 감정은 살아 있는 가족이나 이웃에 대한 사랑으로 전환하는 것이 좋다. 가족모임을 자주 갖는 것도 한 가지 방법이다.

| 지은이 후기 |

# 이 책의 활용법

    이 책은 가족의 죽음에 대처하기 위한 종합 가이드북이다. 가족의 죽음과 관련되는 거의 모든 분야가 이 한 권의 책에 정리되어 있다. 이 점에서 이 책은 많은 독자들에게 큰 도움이 될 것이라고 확신한다.
    역설적으로 이 같은 사실은 각각의 세부 분야에서는 이 책의 내용이 완벽할 수 없다는 것을 의미한다. 가령 상속 분야 하나만 놓고 보더라도 책 여러 권으로 서술할 수 있을 만큼 그 내용이 방대하다.
    이 책은 분량이 허용하는 한도 내에서 최대한 상세한 지식과 정보를 제공하고자 노력하였다. 그러나 한 권의 분량에 모든 개별적 상황에서 활용이 가능한 온갖 지식과 정보를 담는 것은 불가능한 일이다.

이 점에서 독자들의 지혜가 필요하다. 자신의 개별적 상황에 맞는 세부적인 지식과 정보가 추가로 필요한 독자들은 이 책 외에도 분야별 전문도서를 참조해야 할 것이다. 실생활에서는 해당 분야 전문가의 도움을 받는 것이 훨씬 편리하다.

예를 들면 상속세 납부의 경우에는 상속세법 서적을 열심히 뒤져보는 것보다는 세무사의 도움을 받아 상속세를 신고 · 납부하는 것이 현명하다. 화장의 경우에도 현장에서 장례업체나 장례 전문가의 도움을 받는 것이 훨씬 낫다.

그러나 전문가의 도움을 받는 경우에도 웬만한 수준의 지식과 정보를 가지고 있어야 한다. 해당 분야에 관한 지식 · 정보가 백지인 상태에서는 해당 전문가와의 소통 자체가 어려우며, 전문가가 제공하는 조언과 서비스가 합당한지 여부도 판단할 수 없게 된다.

이 점에서 이 책은 전문가와의 소통에 필요한 충분한 지식 · 정보을 제공한다고 자부한다. 그리고 대부분의 경우에 독자 스스로 자신의 개별적 상황에 맞게 대처할 수 있을 정도의 지식과 정보를 제공한다.

따라서 현명한 독자라면 먼저 이 책의 내용을 충분히 숙지하고, 필요한 경우에 해당 분야에서 전문가의 도움을 받을 것으로 믿는다.

이 책의 활용과 관련하여 추가로 조언하고 싶은 것은, 책에 언급된 통계수치는 매년 갱신된다는 점이다. 이 책이 인쇄를 거듭함에 따라 이 같은 수치는 매번 업그레이드될 것이다. 하지만 부득이하게 그렇지 못한 경우도 있을 수 있음을 독자들은 감안해야 한다.

통계수치처럼 흔치는 않지만 관련 법령 및 제도가 바뀌는 경우도 있다.

또 한 가지. 장례의식 등 일부 분야에서는 다양한 의견이 있을 수 있다는 점이다. 의식이나 관습 등은 법령·제도처럼 한 가지로 확정되어 있지 않기 때문에 다양한 의견이 가능하다. 이런 경우 이 책은 다수의 의견을 존중하였다.

이 책은 가족의 죽음과 관련되는 거의 모든 분야를 망라하였다는 점에서 의의가 크다. 아무쪼록 이 책이 많은 독자들에게 큰 도움이 되기를 바란다.

이 도서의 국립중앙도서관 출판예정도서목록(CIP)은 서지정보유통지원시스템 홈페이지(http://seoji.nl.go.kr)와 국가자료공동목록시스템(http://www.nl.go.kr/kolisnet)에서 이용하실 수 있습니다. (CIP제어번호 : CIP2017021535)